FRAGMENTOS
Clínicos DE Psicanálise

Sérgio Telles

FRAGMENTOS
Clínicos de Psicanálise

Sérgio Telles

© 2003, 2012 Casapsi Livraria e Editora Ltda.
É proibida a reprodução total ou parcial desta publicação, para qualquer finalidade, sem autorização por escrito dos editores.

1ª Edição	2003
2ª Edição	2008
3ª Edição	2012
Diretor Geral	Ingo Bernd Güntert
Publisher	Marcio Coelho
Coordenadora Editorial	Luciana Vaz Cameira
Produção Editorial	ERJ Composição Editorial
Preparação	Tássia Fernanda Alvarenga de Carvalho
Diagramação	Carla Vogel
Capa	Renato Garcia

Dados Internacionais de Catalogação na Publicação (CIP)
Angélica Ilacqua CRB-8/7057

Telles, Sérgio
 Fragmentos clínicos de psicanálise / Sérgio Telles. – 3. ed. - São Paulo : Casa do Psicólogo, 2012.

Bibliografia
ISBN 978-85-7396-219-2

1. Psicanálise 2. Psicanálise – Estudo de casos 3. Psicanálise – Interpretação 4.Psicologia clínica I. Título

12-0305   CDD-150.195

Índices para catálogo sistemático:
1. Psicanálise: Clínica: Psicanálise

Impresso no Brasil
Printed in Brazil

As opiniões expressas neste livro, bem como seu conteúdo, são de responsabilidade de seus autores, não necessariamente correspondendo ao ponto de vista da editora.

Reservados todos os direitos de publicação em língua portuguesa à

Casapsi Livraria e Editora Ltda.
Rua Simão Álvares, 1020
Pinheiros • CEP 05417-020
São Paulo/SP — Brasil
Tel. Fax: (11) 3034-3600
www.casadopsicologo.com.br

Sumário

Agradecimentos 7

Apresentação 9
C.Guillermo Bigliani

PARTE 1

Introdução 15

Aspectos Teórico-Técnicos 23

    Referências técnicas da escuta analítica 23

    Problemas éticos ligados à publicação dos
    casos clínicos 45

PARTE 2

As Sessões 57

    Sessão 1 – Jonas 59

    Sessão 2 – Bia 67

    Sessão 3 – Bóris 77

    Sessão 4 – Joana 89

Sessão 5 – Paula 94
Sessão 6 – Mariana 99
Sessão 7 – Marcelo 107
Sessão 8 – Mônica 118
Sessão 9 – Amália 123
Sessão 10 – Miriam 130
Sessão 11 – Marta 138
Sessão 12 – Olga 146
Sessão 13 – Lindaura 155
Sessão 14 – Edna 158
Sessão 15 – Juliano 160
Sessão 16 – Ada 164
Sessão 17 – Júlia 172
Sessão 18 – Teresa 177
Sessão 19 – Marília 180
Sessão 20 – Rafael 188

Posfácio 193

Referências Bibliográficas 198

Agradecimentos

Agradeço a todos aqueles – analistas, professores, supervisores, colegas e analisandos – que colaboraram com minha formação psicanalítica, especialmente a

Lea Bigliani e C.Guillermo Bigliani.

Apresentação

C. Guillermo Bigliani

Conheci Sérgio Telles logo que cheguei ao Brasil, no ano de 1977. Era o fim da ditadura Geisel no Brasil e o começo da ditadura de Videla na Argentina. Sérgio fazia parte de um grupo de jovens psicanalistas que se propunham a transformar o mundo e a prática da psicanálise. Eu também tinha participado de um movimento com características semelhantes, em Buenos Aires.

Reconheci rapidamente nele as qualidades de um bom clínico, o que se confirmaria plenamente nos mais de 25 anos de nosso intercâmbio profissional. Também confirmaram minha opinião grandes clínicos, como Herbert Rosenfeld, Marie Langer e Eric Breman, que em algumas ocasiões supervisionaram os materiais clínicos de Sérgio.

Telles tem ainda uma qualidade rara entre os médicos: sabe escrever! Aliás, quase se dedicou ao jornalismo, quando se qualificou no concurso realizado para formar o grupo de redatores da *Veja*, no começo da revista, mas desistiu porque achou que sua vocação era a psicanálise. E era mesmo! Este livro não só prova isso como o coloca entre os melhores.

Acredito que *Fragmentos Clínicos de Psicanálise* transporá fronteiras.

Por quê?

Porque o conhecimento do autor sobre Freud, especialmente o primeiro Freud, no qual o resto da obra está alicerçada, permite a Sérgio navegar sem dificuldades pelas teorias que povoam a psicanálise, especialmente pelas raízes da verdade teórica em que fundamenta sua clínica. Sérgio nos mostra isso na produção de sua "cozinha de analista", como Rodrigué chamava aquele lugar onde são criadas as interpretações do analista. Ali a especiaria é sutil, variada e das mais diversas origens, tal como se vê nas vinhetas clínicas que constituem a obra.

Na apresentação de seus casos, Sérgio nos oferece um belo entretecido de material clínico, teoria e técnica, com inestimáveis orientações para os jovens analistas e valiosas lembranças para os velhos.

Os conceitos fundamentais da psicanálise surgem de forma simples, mostrando-nos uma decantação apurada da teoria e uma grande capacidade de síntese, o que lhe permite realizar uma discussão precisa e elucidativa de conceitos das diferentes escolas em voga, sempre apoiado em citações consistentes nas que se evidencia sua dívida não sectária aos grandes pensadores da psicanálise: Freud, Klein, Lacan. Vemos assim aparecer, clara e didaticamente, a emergência do funcionamento do processo primário; a verdade revelando-se pela negação; como, já que o tempo não existe tal como nós o representamos na consciência, não há necessidade de temer usar sessões passadas na sessão presente na produção de sentido.

É também elogiável a atitude do autor de respeito pela ciência psicanalítica assim como por seus maiores beneficiários (e colaboradores): os pacientes. Fiel a seu duplo compromisso com eles e com a transmissão do conhecimento, Sérgio dedica a esse tema um importante capítulo, rico em citações bibliográficas e em aberturas.

O manejo da transferência tal como se depreende de seu material nos lembra um comentário que Joseph Brodsky, escritor russo e prêmio Nobel de literatura, faz a propósito do poeta inglês W.H.Auden: "ele nunca se colocava no centro da tragédia; quando muito reconhecia a sua presença em cena...".

O neurologista Oliver Sacks lembra que, ao se formar em medicina, conciliou sua vocação pelas ciências com a vocação pelas artes e cita Luria em seu desejo de "fundar ou voltar a fundar uma ciência romântica". Esta obra, *Fragmentos Clínicos de Psicanálise*, que segue a tradição freudiana de beleza expositiva e que poderia ser incluída tanto na produção científica como na literária do autor, realiza esse objetivo.

C. Guillermo Bigliani.

C. Guillermo Bigliani é psiquiatra e psicanalista. Foi professor de Teoria Psicanalítica na Universidade de Buenos Aires, no Instituto Sedes Sapientiae e na PUC-SP, onde foi docente na área de Terapia Familiar. Atualmente é coordenador da Sociedade Paulista de Psicanálise da Família e da Instituição.

PARTE 1

Introdução

Este livro atende inicialmente ao desejo de falar de meu espanto sempre renovado com o fazer psicanalítico. Ali, assistindo ao desfile de significantes organizados em cadeias associativas, deparo com as emergências do Inconsciente e constato, de forma imediata e direta, o poder da palavra que, ao simbolizar e produzir sentidos até então ignorados pelo analisando, desfaz emaranhados nós sintomáticos, diminuindo-lhe a dor psíquica.

Constato que esse poder não advém estritamente da transferência, como já se evidenciava no uso da hipnose, por meio da qual – por amor ao terapeuta – a palavra do hipnotizador fazia milagres. Na análise, a transferência, o amor pelo analista, apenas deixa o analisando mais aberto para ouvir a palavra que vem completar a lógica interna do indivíduo, a qual tem um sentido próprio e particular, secreto, a ser desvendado.

Gostaria de poder mostrar nestas páginas o que acontece numa *sessão de análise,* expondo essa curiosa e especial forma de comunicação humana inventada por Freud. De um lado, a escuta analítica, que se processa mediante a "atenção flutuante" mantida pelo analista. Do outro, o discurso do analisando, em eventual "associação livre".

Certa vez, um analisando me deu uma definição muito apropriada do que ocorre numa sessão. Disse-me ele: "Isto aqui é uma conversa de louco, pois um não fala coisa com coisa, e o outro não está nem aí com o que é dito...". Ele não deixava de ter alguma razão em sua forma de ver o que se passa entre o analista e o analisando. No entanto, dessa "conversa de louco" nasceu um novo e revolucionário conhecimento sobre o homem e seu funcionamento mental.

Gostaria de atingir dois públicos: o leigo cultivado, que se interessa pelos fenômenos culturais de nosso tempo, dentre os quais a psicanálise certamente tem um lugar proeminente, e o mundo dos "psis", os profissionais da área. Sei que isso torna meu objetivo difícil de ser alcançado, mas há precedentes ilustres que me servem de modelo. O maior deles é o próprio Freud, que, ao escrever para o grande público, procurava divulgar a psicanálise, obrigação de qualquer analista. Suas *Conferências introdutórias à psicanálise* são um exemplo definitivo. Mais recentemente, vêm-me a memória os nomes de Winnicott, Dolto, Bettelheim, cujos textos preciosos são acessíveis ao leitor leigo e muito ricos ao profissional.

A psicanálise enquanto referência cultural é um dado inquestionável. No Brasil, foi com grande atraso que ela se firmou no cenário da *inteligentzia*, na maioria das vezes por meio de profissionais de outras áreas, que a viam a partir de questões filosóficas e epistemológicas, ou como instrumento de crítica literária ou cinematográfica. Se até recentemente poucos analistas escreviam psicanálise, hoje há uma copiosa produção, especialmente a voltada para o mundo acadêmico universitário.

Todos analistas reconhecemos, entre nós mesmos, uma certa divisão entre os "clínicos" e "teóricos". Os "clínicos" são os que estão com a mão na massa, no contato direto com a prática. Alguns desenvolvem uma habilidade marcante, o que os torna especialmente aptos para a função de supervisores de novos analistas. Os "teóricos", por sua vez, são os que se embrenham pela metapsicologia, vão rastrear os conceitos em suas variadas formulações, estudar seus desdobramentos na produção dos novos autores, verificar seus progressos, desvios e equívocos no desenvolvimento da psicanálise, procurando preservar as linhas mestras do arcabouço lógico que sustenta seu edifício teórico.

Lacan, ao mostrar como a psicanálise retoma e subverte importantes problemas abordados pela filosofia, fez com que os filósofos voltassem seu interesse para a psicanálise, abrindo um rico intercâmbio entre os dois campos, sendo Derrida uma das maiores expressões dessa parceria.

É importante a compreensão dos problemas filosóficos e epistemológicos que a descoberta freudiana desencadeia. Mas é preciso estar alerta para evitar que os interessantes temas filosóficos tenham uma função resistencial, proporcionando uma fuga do duro embate clínico com a loucura, a regressão, a fixação, a dor psíquica, os bloqueios e as inibições que são, não podemos esquecer, nosso interesse maior. É o que me suscita o ver a grande quantidade de trabalhos eminentemente teóricos, extensivas revisões bibliográficas, que, sem tirar-lhes o devido valor, muitas vezes se estiolam em repetições ou demonstrações exaustivas de erudição analítica, que mal ocultam a falta de pensamento próprio.

À pletora de escritos teóricos corresponde a escassez de trabalhos clínicos. Escrever clínica é objeto de grande repressão por parte dos analistas. De fato, o analista se expõe muito mais ao mostrar aquilo que ninguém vê, o que se passa na privacidade de seu consultório e de sua clínica, de sua prática.

Muitas vezes se ouve a justificativa dessa escassez como decorrente dos graves problemas éticos advindos da publicação de material clínico. Focalizarei de forma extensiva esse aspecto posteriormente, mas transcrevo aqui a argumentação que Freud desenvolveu sobre o assunto, a qual, como em tantos outros pontos, estabelece parâmetros ainda hoje vigentes.

Diz Freud (1972):

Foi sem dúvida embaraçoso para mim ser obrigado a publicar os resultados de minhas investigações sem que outros estudiosos da matéria tivessem qualquer possibilidade de testá-las e verificá-las, particularmente porque tais resultados foram de natureza surpreendente e de modo nenhum de caráter gratificante. Mas será um pouco menos embaraçoso agora, que começo a mostrar parte do material no qual se basearam minhas conclusões e a coloco ao alcance do julgamento mundial. Isso não me isentará de culpa. Só que, antes, fui acusado de *não* dar informações sobre meus analisandos [itálicos meus], agora serei acusado de fornecer, sobre meus analisandos, informações que não deveriam ser reveladas. Espero tão só que os críticos sejam os mesmos e que eles apenas mudem de pretexto para suas censuras; se assim for, posso antecipadamente renunciar a qualquer possibilidade de em qualquer caso remover as objeções.

A apresentação de minhas histórias clínicas continua a ser um problema de difícil solução para mim. As dificuldades são em parte de natureza técnica, e se devem, em parte, à natureza das próprias circunstâncias. Se é verdade que as causas das perturbações histéricas devem ser encontradas nas intimidades da vida psicossexual dos analisandos, e que os sintomas histéricos são a expressão de seus desejos mais secretos e reprimidos, então *a elucidação completa de um caso de histeria implica certamente a revelação dessas intimidades e a divulgação desses segredos. É certo que os analisandos nunca teriam falado se lhes tivesse ocorrido que suas revelações poderiam possivelmente ser utilizadas cientificamente; e é igualmente exato que pedir-lhe autorização para publicar sua história seria totalmente inútil. Em tais circunstâncias, as pessoas delicadas, da mesma forma que as meramente tímidas, insistiriam no dever do sigilo médico e declarariam com pesar que nenhum esclarecimento poderiam oferecer sobre a matéria à ciência. Mas, na minha opinião, o médico assume deveres não só em relação ao analisando individual, mas também em relação à ciência; e seus deveres para com a ciência significam, em última análise, nada mais que seus deveres para com os inúmeros outros analisandos que sofrem ou sofrerão um dia do mesmo mal* [itálicos meus]. Assim, torna-se dever do médico publicar o que julga conhecer sobre as causas e a estrutura da histeria, e será vergonhosa covardia de sua parte deixar de fazê-lo, desde que possa evitar de produzir dano pessoal direto ao simples analisando em questão. *Creio que tomei toda a precaução para impedir que meu analisando sofra qualquer dano desta ordem* [itálicos meus]. Escolhi um personagem cuja vida transcorre não em Viena, mas numa distante cidade provincial e cujas circunstâncias pessoais devem, portanto, ser praticamente desconhecidas em Viena. Desde o início conservei sob um sigilo tão cuidadoso o fato de estar ela em tratamento comigo que apenas outro médico – em cuja discrição tenho total confiança – pôde saber que a moça foi minha analisanda. Esperei quatro anos desde o fim do tratamento, e adiei a publicação até saber que se produziu na vida da analisanda uma modificação de tal ordem que me permite supor que seu próprio interesse nas ocorrências e nos acontecimentos psicológicos que serão relatados aqui terá desaparecido. Desnecessário é dizer que não permiti a permanência de nomes que pudessem dar alguma pista ao leitor leigo; e a publicação do caso numa revista puramente científica e técnica deve, ainda, proporcionar garantia contra leitores desta espécie. *Não posso, naturalmente, impedir que a própria analisanda sofra, caso sua própria história clínica venha, por acidente, a cair em suas mãos. Mas ela não saberá através deste relato nada do que já não tenha conhecimento; e poderá perguntar a si mesma quem, além dela, poderia descobrir que ela é o objeto deste trabalho* [itálicos meus].

> Estou ciente de que existem – nesta cidade, pelo menos – muitos médicos que (por revoltante que possa parecer) preferem ler uma história clínica como essa não como uma contribuição à psicopatologia da neurose, mas como um roman à clef destinado a seu deleite particular. Posso assegurar aos leitores desta espécie que toda história clínica que eu possa publicar no futuro será garantida contra sua perspicácia por medidas semelhantes de sigilo, muito embora esta resolução fatalmente ponha restrições bastante extraordinárias à minha escolha de material.(pp. 5-7)

Freud escreveu tais considerações em 1901, a propósito das dificuldades que teve de vencer para relatar o "Caso Dora". Em 1909, Freud (1996) volta ao assunto na introdução do "Homem dos Ratos":

> Eu teria, com satisfação, comunicado mais coisas, caso me fosse certo ou possível fazê-lo. Não posso fornecer uma história completa do tratamento, porque isso implicaria entrar em pormenores das circunstâncias da vida de meu paciente. O premente interesse de uma grande cidade, voltada com uma especial atenção para

minhas atividades médicas, proíbe-me de dar um quadro fiel do caso. Por outro lado, vim progressivamente a encarar as distorções de que comumente se lança mão em tais circunstâncias como inúteis e passíveis de objeção. Sendo insignificantes, essas distorções pecam em seu objetivo de proteger o paciente contra a indiscreta curiosidade; ao passo que, se vão mais além, requerem um sacrifício muitíssimo grande, de vez que destroem a inteligibilidade do material, a qual depende, por sua coerência, precisamente dos pequenos detalhes da vida real. *E, a partir dessa última circunstância, provém a verdade paradoxal de que é muito mais fácil divulgar os segredos mais íntimos do paciente do que os fatos mais inocentes e triviais a respeito dele; enquanto os primeiros não esclareceriam sua identidade, os outros, pelos quais ele é geralmente reconhecido, torná-lo-iam óbvia a qualquer um* [itálicos do autor]. (pp. 159-160)

Aspectos Teórico-Técnicos

1. Referências técnicas da escuta analítica
2. Problemas éticos ligados à publicação de casos clínicos

Referências técnicas da escuta analítica

Esman pensa que uma das grandes dificuldades na apresentação e na compreensão de casos clínicos é o que chama de *babel de línguas* – a confusão terminológica advinda das diversas linhas teóricas nas quais se baseiam as práticas clínicas analíticas expostas nos referidos casos. Para evitar tal problema, Esman preconiza a necessidade de ter o autor clara em sua mente a diferença entre *evidência* e *inferência*. Quer ele dizer que a *evidência* é aquilo que é observável e registrável, dentro do possível, em nossa prática, e *inferência* é a rica roupagem teórica com a qual o autor logo reveste observações muitas vezes modestas. Ele dá alguns exemplos cômicos para ilustrar isso, todos retirados aleatoriamente de trabalhos publicados por autores de língua inglesa. Cito um deles: "Um menino de treze anos poderia tentar adquirir uma hipercatexe temporariamente compensatória do *self* por meio de fantasias masturbatórias polimorficamente perversas e regredidas".

Comenta Esman (1979) essa afirmação, classificada como um bom exemplo de "confusão entre experiência subjetiva e postulações teóricas". Diz ele:

> É altamente improvável que alguém, jovem adolescente ou não, alguma vez tenha tentado 'adquirir um hipercatexe temporária do self'. Pode-se facilmente imaginar alguém tentando adquirir uma intensificação da autoconsciência, ou de uma excitação prazerosa, ou alívio de aborrecimentos e sentimentos de isolamento, mas a noção de 'hipercatexe do self' é uma formulação teórica baseada num complexo sistema de proposições muito distantes da experiência subjetiva, supostamente explicatória mas de nenhuma forma confirmável pelas evidências dos dados de observação. (pp. 628-630)

Posição semelhante é a de Stoller, que, em vários de seus trabalhos, se esforça em relatar suas experiências clínicas da forma mais clara e direta possível, desembaraçada de toda teorização, que somente num momento segundo será introduzida. Considera que o uso abusivo de um jargão 'técnico' foi ultimamente muito incrementado como uma maneira equivocada dos psicanalistas quererem parecer "científicos", numa resposta às críticas dos neurocientistas que dizem ser a psicanálise uma não ciência. Para Stoller (1998), essa é uma tática desastrosa, pois deixa totalmente incompreensível e confuso nosso maior trunfo, a evidência clínica por meio da qual poderíamos responder àquela questão, mostrando que a psicanálise pode produzir uma verdade específica, apesar de seguir procedimentos que efetivamente não atendem aos pressupostos mais corriqueiros do que é considerado ciência. Diz ele:

Home (1966) fala por muitos de nós [no texto que se segue]: o estímulo para escrever este artigo resulta da participação em congressos científicos de psicanalistas por muitos anos. Desde o início me vi assoberbado pela incompreensibilidade essencial das comunicações clínicas amontoadas no que é com frequência chamado de "linguagem técnica" e pelo que a mim parecia ingenuidade filosófica das comunicações teóricas. Embora parte de minha dificuldade derivasse de minha falta de experiência na situação clínica, dez anos de trabalho clínico serviram apenas para reforçar minha impressão inicial de que, embora todos os autores que eu ouvia sem dúvida queriam dizer algo com o que falavam, e embora eu tivesse aprendido com a experiência a interpretar o que eles diziam até certo ponto, ainda assim grande parte do que era dito de fato, num sentido estrito, não significava nada. *As reuniões formais contrastavam com as discussões clínicas em seminários informais nos quais os significados eram prontamente comunicados em linguagem mais comum* [itálicos do autor]. (p. 184)

Assim, para evitar a *babel de línguas* psicanalíticas que dificultam a compreensão do caso clínico, tomei duas providências. O relato dos casos em si, como se verá a seguir, está exposto diretamente na forma como foi produzido na relação terapêutica analista-analisando, como *evidência*, para usar o linguajar de Esman. As *inferências* são acrescentadas posteriormente, em pequenos comentários. Dessa forma, o leitor poderá ler o material e chegar a suas próprias conclusões, confrontando-as então com as que ofereci.

Mas acho necessário deixar claro – dentro da *babel de línguas* teóricas vigentes atualmente no campo analítico – qual é o referencial teórico-técnico no qual apoio minha prática clínica, que é o que passo a abordar.

Em *Sobre o início do tratamento*, Freud (1996) vai dizer que para o aprendizado da psicanálise há uma semelhança com o aprendizado do xadrez:

> Somente as aberturas e as finais do jogo admitem uma apresentação exaustiva, a infinita variedade de jogadas que se desenvolvem após a abertura desafia qualquer descrição deste tipo. *Esta lacuna na instrução só pode ser preenchida por um estudo diligente dos jogos travados pelos mestres* [itálicos do autor]. (p. 164)

Penso que é importantíssimo rever e reenfatizar a maneira como o *mestre* Freud travava o jogo da psicanálise, como desentranhava no discurso dos analisandos as manifestações do inconsciente, usando – para tanto – as formações do sonho, das parapraxias, dos sintomas, da transferência. Tudo isso é explicitado não só em seus casos clínicos, em que o vemos operacionalizar suas descobertas em elaborações teóricas gradativamente mais complexas, como também nos vários trabalhos nos quais faz o inventário do Inconsciente, como *A interpretação dos sonhos, Psicopatologia da vida cotidiana, Chistes e sua relação com o inconsciente*.

É nesses trabalhos, especialmente em *A interpretação dos sonhos*, que Freud vai detalhar suas descobertas sobre o aparelho psíquico, sobre o inconsciente enquanto instância psíquica estruturada, regida pelo processo primário. É aí que Freud vai provar que – no neurótico – nada que ocorre no Inconsciente é arbitrário. Tudo é determinado, sobredeterminado, organizado e estruturado a partir de um núcleo de experiência infantis arcaicas, do desejo inconsciente que incessantemente põe em movimento o aparelho psíquico, em busca de uma impossível satisfação.

É então que veremos Freud executar esta escuta curiosa, permanentemente descentrada, cujo pressuposto é o deslocamento, a condensação, a sobredeterminação, que sabe que o mais importante das comunicações dos analisandos aparecerá sempre *disfarçado de mendigo, como o príncipe da ópera* (6), como algo sem importância e semiesquecido, cercado de muitas dúvidas. Uma escuta extraordinária, divertida, que implica um prazer, uma surpresa – sempre evidentes em Freud –, o desejo de descobrir, de decifrar, de traduzir as artimanhas do Inconsciente, numa caçada, num trabalho aventureiro e detetivesco.

Nos chamados *trabalhos técnicos* de Freud (*O manejo da interpretação de sonhos na psicanálise* – 1911, *A dinâmica da transferência* – 1912, *Recomendações aos médicos que exercem a psicanálise* – 1912, *Sobre o início do tratamento* – 1913, *Recordar, repetir e elaborar* – 1914, *Observações sobre o amor transferencial* – 1915),, nada disso é explicitado, pois ele já o tem por assentado, considerando já conhecida toda esta abordagem do Inconsciente, e, a partir daí, dá uma série de instruções técnicas, estas, sim, sobejamente conhecidas por todos. Uma leitura exclusiva de tais *trabalhos técnicos*, sem o conhecimento daqueles anteriormente citados, nos quais Freud descreve minuciosamente sua descoberta, deixa uma visão muito estreita do que ele entendia como o processo terapêutico da psicanálise, coisa que – infelizmente – não é tão rara quanto deveria ser.

Assim, penso que é esclarecedor retomar os *Estudos sobre a histeria*, especialmente seu último capítulo, intitulado "Psicoterapia da histeria" (1895), e depois o comparar com uma das últimas produções de Freud, *Construções em Psicanálise* (1937). Veremos muitas coincidências não só na forma como é descrita a técnica, a prática clínica e os objetivos do próprio tratamento, mas também aspectos que não são tratados nos *trabalhos técnicos* do autor.

É verdade que entre os dois trabalhos aconteceram importantes mudanças técnicas – Freud abandonara a hipnose, passara pela técnica da pressão sugestiva, chegara à interpretação da associação livre, da transferência e à possibilidade de construir, representando e simbolizando configurações até então impensadas pelo analisando –, mas o objetivo da cura mantém-se o mesmo, como veremos.

Em *Estudos sobre a histeria*, vamos entender o tratamento como a recuperação de lembranças, de *reminiscências* que estão afastadas do comércio associativo e dissociadas de sua *quota de afeto*, em função da defesa, por ser *incompatíveis* com o restante do ego. Não são acessíveis à Consciência, exceto pelo método recém-descoberto da *pressão*, uma etapa intermediária, sabemos, entre a sugestão hipnótica e a associação livre. O objetivo do tratamento é fazer o analisando recuperar suas lembranças, permitindo a descarga do afeto, a *ab-reação*, durante a *catarse*.

Tais *reminiscências*, na ocasião, estavam ligadas à *teoria da sedução*, ao trauma sexual efetivamente vivido na infância, atuado por figuras parentais. Sabemos da evolução que essa teoria inicial teve, precursora que foi da descoberta do complexo de Édipo.

É claro que, com o prosseguimento das investigações, a reflexão sobre elas e a elaboração da teoria, Freud abandona as hipóteses do *núcleo patógeno*, do *corpo estranho*, do *infiltrado*, denominações que dava às *ideias incompatíveis*, geradoras do *trauma psíquico*, que desencadeava a *defesa*, reformulando-as todas dentro de um *modelo do aparelho psíquico*. Freud postula a divisão desse aparelho em três instâncias: Inconsciente, Pré-consciente e Consciência, divisão instaurada pela repressão primária. O Inconsciente, que tem características extraordinárias às quais Freud nunca deixará de explorar, é fundeado em experiências infantis arcaicas, que são estruturadas *aprés-coup* com o complexo de castração e de Édipo.

Apesar de todas essas ampliações, Freud continuará usando o que descobriu em *Estudos sobre a histeria* como modelo e ponto de partida para o processo psicanalítico.

Na obra, Freud (1974), como já dissemos, parte do princípio de que o analisando não tem acesso ao *núcleo patógeno* a não ser de forma indireta, procedimento que passa a descrever:

> Esse processo foi o de desembaraçar o material psíquico patógeno, camada por camada, e gostamos de compará--lo à técnica de escavar uma cidade soterrada. Começava fazendo com que o analisando me contasse o que sabia, e eu *cuidadosamente anotava os pontos em que alguma sucessão de pensamentos permanecia obscura ou algum elo da cadeia causal parecia estar faltando. E depois penetraria em camadas mais profundas de suas lembranças nestes pontos...* [itálicos do autor] Todo o trabalho era baseado, naturalmente, na expectativa de que seria possível estabelecer um grupo perfeitamente adequado de determinantes para os fatos em causa. (p. 188)

Freud mostra aqui como entende a escuta analítica: o analisando fala, e ele está atento àquilo que Lacan vai chamar de *falhas do discurso*, e por aí pesquisa, no pressuposto de que essas falhas decorrem do conflito interno e, ao ser expostas, dirigirão o discurso do analisando para os conteúdos deste conflito.

Freud usará o sintoma, a exacerbação deste, como uma *bússola*, dado que o mesmo começará a *participar da conversação* na medida em que o processo avança pelas cadeias associativas, tocando áreas sensíveis.

Freud (1974) constata que há uma surpreendente organização do material psíquico patógeno, que quase parece a de uma segunda consciência:

> Todas essas sequências da pressão dão uma impressão ilusória de haver uma inteligência superior fora da consciência do analisando, que mantém grande volume de material psíquico arranjado para finalidades particulares e *fixou uma ordem planejada para seu retorno à consciência* [....] *A primeira e mais poderosa impressão provocada durante tal análise é certamente a de que o material psíquico patógeno que ostensivamente foi esquecido, que não se acha à disposição do ego e que não desempenha nenhum papel na associação e na memória, não obstante, de algum modo, está à mão e em ordem correta e adequada* [itálicos do autor]. (pp. 343-4)

Freud propõe um modelo do aparelho psíquico estruturado segundo três referências – a cronológica, a dos níveis de resistências e a do *fio lógico* – que ele percebe existir nas associações do analisando, as quais são ignoradas por este (1974).

O que Freud descobre é que, longe de ser o caos, o primitivo, o inarticulado, o desorganizado, o mero funcionamento degradado do cérebro fora da consciência – como se pensava até então –, o Inconsciente é algo inteiramente organizado, estruturado, seguindo leis próprias dentro de uma lógica especial.

Diz ele (1974):

> Uma terceira espécie arranjo ainda tem de ser mencionada – *a mais importante, porém aquela sobre a qual é menos fácil fazer qualquer declaração geral. O que tenho em mente é um arranjo de acordo com o conteúdo do pensamento, a ligação feita por um fio lógico que chega até o núcleo e tende a seguir um caminho*

irregular e sinuoso, diferente em cada caso [itálicos do autor]. Esse arranjo possui um caráter dinâmico, em contraste com o arranjo morfológico das duas estratificações mencionadas anteriormente. Enquanto essas duas seriam representadas num diagrama espacial por uma linha contínua, curva ou reta, o curso da cadeia lógica teria de ser indicado por uma linha interrompida, que passaria pelos caminhos mais indiretos, da superfície até as camadas mais profundas, e retornaria, e, contudo, de modo geral, avançaria da periferia até o núcleo central, tocando em cada ponto da parada intermediário – uma linha semelhante à linha em ziguezague na solução de um problema do Lance de Cavalo, que atravessa os quadrados no diagrama do tabuleiro de xadrez. Devo demorar-me um pouco mais nesse último símile a fim de ressaltar um ponto no qual ele não faz jus às características da questão da comparação. *A cadeia lógica corresponde não somente a uma linha em ziguezague, retorcida, mas antes a um sistema em ramificação de linhas e mais particularmente a uma linha convergente. Contém pontos nodais nos quais dois ou mais fios se reúnem e daí continuam como um só, e, em geral, vários fios que se estendem independentemente, ou são ligados em vários pontos por caminhos laterais, desembocam no núcleo. Expressando-o em outras palavras, é notável como muitas vezes um sintoma é determinado de várias maneiras, é "superdeterminado" (sobredeterminado)* [itálicos do autor]. (pp. 346-7)

Esta longa citação se justifica por sua importância. Vemos aí como a existência do "fio lógico" sustenta o uso da associação livre, justifica sua sobredeterminação e evidencia a estrutura lógica presente no Inconsciente. As particularidades dessa lógica a aproximam daquela chamada de "paraconsistente" pelos estudiosos do assunto. Vemos também aí a origem das formulações lacanianas das cadeias significantes e do ponto *capitoné* (pontos nodais).

Freud (1974) descreve o trabalho do analista assim:

> Algumas vezes, partindo de onde as lembranças do analisando se interrompem... ele aponta o caminho a seguir atrás de lembranças das quais o analisando *permaneceu consciente, algumas vezes chama a atenção para ligações que foram esquecidas, outras evoca e organiza lembranças com as quais não foram feitas associações por muitos anos, mas que ainda podem ser chamadas de lembranças e, por último, faz com que emirjam pensamentos que o analisando jamais reconhecerá como seus, dos quais nunca se recorda, embora admita que o contexto as exige inexoravelmente e se convence de que são precisamente essas ideias que levarão à conclusão da análise e a eliminação do sintoma* [itálicos do autor]. (p. 329)

Freud (1974) diz que, após o caso ter sido elucidado, mostrar o material patógeno para outras pessoas naquilo que agora sabem "*de sua organização complexa e multidimensional*", com razão nos seria perguntado como um camelo assim passou pelo fundo da agulha... "*Constitui tarefa do psicoterapeuta reorganizá-los de maneira que ele presume ter existido. Qualquer um que anseia por outros símiles poderia pensar a esta altura num quebra-cabeça chinês*" (p. 348).

Segundo Freud, a maneira de entrar em contato com o material inconsciente do analisando é seguir o *fio lógico* que se delineia em suas associações livres. Não podemos esperar que as comunicações livres feitas pelo analisando, o material proveniente das camadas mais superficiais, tornem fácil para o analista reconhecer

em que pontos o caminho conduz a níveis mais próximos do conflito ou onde deve encontrar os pontos de partida das cadeias associativas que procura. Pelo contrário. É isso precisamente o que se acha com cuidado oculto, então, o relato feito pelo analisando soa como se fosse completo, sem brechas. De início, é como se estivéssemos diante de um muro que obstrui toda perspectiva e nos impede de ter qualquer ideia do que existe atrás dele.
Continua:

> Mas, se examinarmos com visão crítica o relato que o analisando nos fez, sem muito trabalho ou resistência, de forma *infalível descobriremos nele lacunas e imperfeições*. Num ponto, a sucessão de pensamentos será visivelmente interrompida e remendada pelo analisando da melhor maneira possível, com um torneio de linguagem ou uma explicação inadequada; noutro ponto nos defrontamos com um motivo que teria de ser descrito como débil em uma pessoa normal. O analisando não reconhecerá estas deficiências quando sua atenção for chamada para elas. Mas o médico terá razão em procurar atrás dos pontos fracos uma abordagem ao material das camadas mais profundas e em esperar descobrir precisamente ali os fios conectivos que procura pelo processo de pressão. Pois podemos fazer as mesmas exigências quanto à ligação lógica e motivação suficiente numa sucessão de pensamentos mesmo se ela se estender até o inconsciente de um analisando histérico como de um normal. Uma neurose não é capaz de relaxar tais relações. (p. 350)

Freud (1974) ensina como vencer esses obstáculos: "Desta forma, detectando lacunas na primeira descrição do analisando, lacunas frequentemente cobertas por 'falsas conexões', apoderamo-nos de um fio lógico da periferia e, a partir deste ponto, desembaraçamos mais um caminho pela técnica da pressão" (p. 351).

Mais adiante, diz:

> Nestas últimas fases do trabalho será útil se pudermos adivinhar a maneira como as coisas estão ligadas e dizê--lo ao analisando antes de descobri-la. Se tivermos adivinhado certo, o curso da análise será acelerado, mas até mesmo uma hipótese errada nos ajuda a prosseguir, compelindo o analisando a tomar partido e induzindo-o a negativas enérgicas, que traem seu indubitável maior conhecimento (p. 352).

Freud procura encontrar as ideias reprimidas atrás do discurso, nas suas falhas, e está permanentemente construindo, completando, dando prosseguimento ao *fio lógico* que descobriu ao ouvir seus analisandos. Como se vê, antecipa nesses trechos a ideia de *construção*, que irá expor bem mais tarde.

Em *Psicoterapia da histeria*, Freud descreve a transferência como um obstáculo ao trabalho de rememoração, pois o analisando faz uma *falsa conexão* e, na sequência associativa, justamente aquela associação mais reprimida aparece como que transferida para o analista, como que desconectada com a cadeia a que pertence. Aquela sequência associativa aparece como algo atualizado, atuado com a pessoa do analista. Essa visão da transferência não mais vai ser abandonada e sim amplificada. Freud oscila entre ver a transferência como obstáculo e resistência à rememoração – e o é de fato, na medida em que interrompe a rememoração *verbal*, quando se constitui então em resistência de transferência – e, ao mesmo tempo, entendê-la como a *via regia* para a recuperação do passado simbólico do analisando, na medida em que a atualização na transferência permite sua interpretação e a recuperação da memória, ou a construção de uma sequência até então inarticulada.

Dizendo de outra forma, Freud vai entender que o analisando *repete na transferência para não lembrar, por ser impossível lembrar.* A transferência é uma forma especial de recordar, conforme afirma Freud em *Recordar, repetir e elaborar.*

O analisando está *repetindo* protótipos infantis, atualizando seus desejos inconscientes infantis nas relações atuais, especialmente com o analista, desenvolvendo então uma *neurose de transferência.*

Assim, as falhas do discurso, as impossibilidades de mantê-lo, desde que parte dele deixa de ser comunicação verbal e se transforma em um viver e atuar na transferência, são *repetições* e urge interpretá-las, pois é justamente atentando para elas e tendo-as como centrais no processo terapêutico que é possível transformá-las em rememorações, simbolizá-las, integrá-las.

Freud, apesar de logo compreender que é na transferência que vão ser travadas as batalhas decisivas da análise e vê-la como algo imprescindível, nunca deixou de lado a ideia de que o objetivo da análise é a rememoração do passado simbólico, e é dentro dessa perspectiva que a transferência deve ser vista. Uma exaltação da relação transferencial em si, como bem lembram Laplanche e Pontalis (1976), é um equívoco no qual Freud nunca incorreu.

Isso tudo é retomado e explicitado de forma ainda mais clara em 1937, em *Construções em psicanálise.* Freud (1975) diz então:

> É terreno familiar que o trabalho da análise visa a induzir o analisando a abandonar repressões (empregando a palavra no sentido mais amplo) próprias a seu primitivo desenvolvimento e substituí-las por reações de um tipo que corresponda a uma condição psiquicamente madura. Com esse intuito em vista, *ele deve ser levado*

> *a recordar certas experiências e os impulsos afetivos por elas invocados, os quais ele presentemente esqueceu* [itálicos do autor]. Sabemos que seus atuais sintomas e inibições são consequências de repressões deste tipo; que constituem um substituto para aquelas coisas que esqueceu. Que tipo de material põe ele a nossa disposição, de que possamos fazer uso para colocá-lo no caminho da recuperação das lembranças perdidas? Todo tipo de coisas. Fornece-nos fragmentos dessas lembranças em seus sonhos, valiosíssimos em si mesmos, mas via de regra seriamente deformados por todos os fatores relacionados à formação dos sonhos. Se ele se entrega à associação livre, produz ainda ideias em que podemos descobrir alusões às experiências reprimidas e derivados dos impulsos afetivos recalcados, bem como das reações contra eles. Finalmente, há sugestões de repetições dos afetos pertencentes ao material reprimido que podem ser encontradas em ações desempenhadas pelo analisando, algumas bastante importantes, outras triviais, tanto dentro quanto fora da situação analítica. Nossa experiência demonstrou que a relação de transferência que se estabelece com o analista é especificamente calculada para favorecer o retorno dessas conexões emocionais. É dessa matéria-prima – se assim podemos descrevê-la – que temos de reunir aquilo de que estamos à procura. (pp. 291-2)

Mas e o analista, o que ele faz com tudo isso? Responde Freud (1975) "Sua tarefa é a de completar aquilo que foi esquecido a partir dos traços que deixou atrás de si ou, mais corretamente, *construí-lo*" [itálico do autor] (pp. 293-4).

A ocasião e o modo como o analista transmite suas construções à pessoa que está sendo analisada, bem como as explicações com as quais as acompanha, constituem o vínculo entre as duas partes do trabalho de análise, entre seu próprio papel e o do analisando. Freud repete detalhadamente em *Construções em psicanálise* o símile usado em *Estudos sobre a histeria* acerca da relação existente entre a arqueologia e a psicanálise, salientando que o analista trabalha em melhores condições por dispor de "material que não pode ter correspondente nas escavações, tal como as *repetições* de reações que datam da tenra infância e tudo o que é indicado pela transferência em conexão com essas repetições".

Ao contrário dos objetos arqueológicos semidestruídos, aqui todos os elementos essenciais estão preservados; mesmo as coisas que parecem completamente esquecidas estão presentes, de alguma maneira e em algum lugar, e simplesmente foram enterradas e tornadas inacessíveis ao indivíduo. Uma outra diferença, segundo Freud (1975), é que a reconstrução é o objetivo e o final dos esforços do arqueólogo, ao passo que, para o analista, *a construção constitui apenas um trabalho preliminar*, conforme se lê a seguir:

> O analista completa um fragmento de construção e o comunica ao sujeito da análise, de maneira a que possa agir sobre ele; constrói então um outro fragmento a partir do novo material que sobre ele derrama, lida com este da mesma forma e prossegue, desse modo alternado, até o fim. Se nas descrições da técnica analítica se fala tão pouco sobre *construções*, isso se deve ao fato de que, em troca, se fala nas *interpretações* e em seus efeitos. Mas acho que *construções* é de longe a descrição mais apropriada. *Interpretação* aplica-se a algo que se faz a algum elemento isolado do material, tal como uma associação ou uma parapraxia. Trata-se de uma *construção*, porém, quando se põe perante o sujeito da

análise um fragmento de sua história primitiva, que ele esqueceu, aproximadamente assim... [itálicos do autor] (p. 295)

Freud, tal como em *Estudos sobre a histeria*, fala de *participação na conversação* dos sintomas, que se agravam quando o analista acerta em suas construções, expondo áreas até então reprimidas. Mais importante ainda, estende o conceito de "os histéricos sofrem de reminiscências" – tese central do primeiro trabalho – *para os psicóticos*. Diz agora que estes também sofrem de reminiscências e que seus delírios e suas alucinações devem ter expressão direta daquelas. Esta é a visão sobre a psicose e seu tratamento que Freud expressa, a qual, a meu ver, é muitas vezes esquecida, apesar de ser ele bastante claro a respeito.

Diz ele (1975):

> Não apenas há *método* na loucura, como o poeta já percebera, mas também um fragmento de *verdade histórica*, sendo plausível supor que a crença compulsiva que se liga aos delírios derive sua força exatamente de fontes infantis desse tipo. Tudo o que posso produzir hoje em apoio dessa teoria são reminiscências, não impressões novas. Provavelmente valeria a pena fazer uma tentativa de estudar casos do distúrbio em apreço com base nas hipóteses que foram aqui apresentadas e também *efetuar seu tratamento segundo as mesmas linhas* [itálicos do autor]. Abandonar-se-ia o vão esforço de convencer o analisando do erro de seu delírio e de sua contradição com a realidade e, pelo contrário, o reconhecimento de seu núcleo de verdade permitiria um campo comum sobre o qual o trabalho terapêutico poderia desenvolver-se. *Esse trabalho consistiria em libertar o fragmento de verdade histórica de suas deformações e ligações*

com o dia presente real, e em conduzi-lo de volta para o ponto do passado a que pretende. A transposição do material do passado esquecido para o presente, ou para uma expectativa de futuro, é, na verdade, ocorrência habitual nos neuróticos, não menos do que nos psicóticos [itálicos do autor]. (pp. 302-3]

Vê-se que Freud postula não só o tratamento dos psicóticos, como também explicita que deveríamos usar o mesmo método descoberto nos velhos tempos dos *Estudos sobre a histeria*.

É curioso pensarmos o caso Schreber dentro dessa linha, especialmente tendo em vista os trabalhos de Niederland (1980). Sabemos, por meio de Peter Gay, que Freud se interessou pelos dados objetivos a respeito da família de Schreber, chegando a pedir a um parente alemão, Dr. Arnold Stegman, que investigasse a respeito. Aparentemente nada foi conseguido. De acordo com Gay (1988), Freud escreveu então para Ferenczi: "Que você pensaria se o velho Dr. Schreber tivesse operado 'milagres' como médico? Mas que, ao lado disso, fosse um tirano doméstico que esbravejasse com o filho e o entendesse tão pouco como o 'Deus inferior' do nosso paranoico?" (p. 283).

Posteriormente, as pesquisas de Niederland confirmaram as intuições de Freud, configurando um exemplo exitoso de construção. Além do mais, isso poderia ser visto como um indício explícito do interesse por ele demonstrado em relação à patologia familiar enquanto objeto de estudo psicanalítico.

Como já disse, detive-me na comparação e cotejamento desses dois trabalhos porque me parece que, com o último, Freud retoma, reafirma e ressalta o que estava estabelecido desde os *Estudos sobre a histeria*, ou seja, a maneira como realiza a escuta analítica e como vê os objetivos do tratamento. Teria sentido necessidade de reenfatizar esses pontos por pensar que sua concepção a respeito deles estava perdida nos trabalhos de seus seguidores?

Penso que nesses dois textos Freud mostra como somente após a construção do material trazido pelo analisando pode o analista localizar a transferência e posicionar-se.

Quando Freud fala de construções, não se refere apenas às grandes construções sobre o passado histórico do analisando, mas aponta para uma forma de lidar com o material trazido por ele. São maneiras de construir o próprio material da sessão, pois as construções são uma decorrência inelutável do conceito de *fio lógico*, da descoberta do Inconsciente estruturado, organizado, que segue uma lógica paradoxal, a lógica da fantasia, do desejo. O conceito de sobredeterminação psíquica é correlato de tudo isso, assim como a confiabilidade da associação livre nesta se baseia, pois nada que ali aparece é arbitrário.

Então, a partir do determinismo psíquico, da sobredeterminação, do *fio lógico* que organiza o Inconsciente, o analista pode e deve fazer grandes e pequenas construções, que se podem constituir como um *trabalho preliminar* ou um trabalho das *fases finais*. Um *trabalho preliminar* quando ordena o *material patógeno* do analisando produzido nas sessões cotidianas e posiciona o analista na transferência, e *trabalho final* quando deduz grandes linhas do passado do analisando, as grandes fantasias que regem sua vida.

Penso que Lacan, com todas suas originais contribuições, parte dessa visão do Inconsciente organizado e estruturado que Freud descreve inicialmente em *Estudos sobre a histeria*, que desenvolve plenamente em *A interpretação dos sonhos*" e reafirma em toda sua obra, sublinhando-as em *Construções em psicanálise*.

Diz Lacan (1979):

> O inconsciente freudiano nada tem a ver com as formas ditas do inconsciente que o precederam, mesmo as que

> o acompanharam, mesmo as que o cercam ainda... O inconsciente de Freud não é de modo algum o inconsciente romântico da criação imaginante. Não é o lugar das divindades da noite... A todos estes inconscientes sempre mais ou menos afiliados a uma vontade obscura considerada como primordial, a algo antes da consciência, o que Freud opõe é a revelação de que, ao nível do inconsciente, há algo homólogo em todos os pontos ao que se passa ao nível do sujeito – *isso* [itálico de Lacan] fala e funciona de modo tão elaborado quanto o do nível consciente, que perde, assim, o que pareceria ser seu privilégio. (p. 29)

Estão aí, nesses textos inaugurais de Freud, os antecedentes do *inconsciente estruturado como uma linguagem* e seus desdobramentos.

O artigo de Lacan (1978) sobre transferência, no qual descreve a psicanálise como uma *experiência dialética*, parece-me um bom exemplo do *perseguir o fio lógico* preconizado por Freud. O desdobramento dialético – ou, em termos freudianos, o *perseguir o fio lógico* – fica impedido num determinado momento do processo pela "soma dos preconceitos, das paixões, dos embaraços e mesmo da insuficiente informação do analista". A constratransferência do analista, sua resistência, impede a continuação da análise.

A postulação posterior de Lacan (1979) sobre transferência, o analista enquanto o Outro, o *sujeito suposto saber*, corresponde, novamente a meu ver, em linguagem freudiana, ao conceito de *construção*. O analista é aquele que constrói, que insere num contexto maior, que simboliza, que dá sentido.

A crítica que Lacan faz da transferência focada excessivamente no *aqui e agora* da sessão analítica se baseia no pressuposto de que, em fazendo assim, o analista fica preso a uma situação dual, imaginária, especular, narcísica. Essa situação corresponde exatamente ao desejo do analisando. Ao analista compete interpretar a situação fruto daquele desejo. Para tanto, não pode ocupar aquele lugar, deve dele sair, ocupando o lugar do Outro, simbolizando, construindo. Tal crítica me parece especialmente pertinente à escola kleiniana.

Concordo plenamente com a observação que faz Etchegoyen (1987):

> Uma das maiores objeções que são feitas a Klein é que interpreta demais a transferência. Os analistas que em Buenos Aires abandonaram a teoria kleiniana para retornar a Freud ou dirigir-se a Lacan registram eles próprios que uma de suas primeiras mudanças foi começar a colocar menos ênfase na transferência. Essa mudança na práxis é sustentada com vários argumentos teóricos, por exemplo, que se deve atentar mais para a história que ao presente, isto é, que se deve reconstruir mais que interpretar, que se deve interpretar as transferências com as figuras importantes da realidade não menos que com o analista, etc.(p. 109)

Com isso, quero lembrar que há grandes diferenças na maneira da abordagem do material a partir das diversas linhas teóricas vigentes dentro da psicanálise atual, e não devemos negar tais diferenças – como é mister fazer politicamente –, e sim encará-las, tentando resolvê-las por meio do estudo e da reflexão.

Não é outra coisa o que diz Etchegoyen (1987):

> No momento atual, há uma grande discussão, que vem de longe, entre os que reivindicam a construção como o verdadeiro instrumento de análise e os que, ao contrário, a desqualificam ou não a levem em conta... *Indo agora ao fundo da questão, direi que há, sem dúvida,*

divergências técnicas entre os analistas que põem ênfase no atual e os que prestam atenção ao passado. Aqueles interpretam (e interpretam fundamentalmente a transferência); estes constroem. Existe, por certo, dois tipos polares de analistas, que Racker (1958) caracterizou como os que usam a transferência para compreender o passado e os que usam o passado para compreender a transferência [itálicos do autor]. Na mesa redonda que se realizou na Associação Psicanalítica Argentina em 1970, um decidido partidário da construções, como Avenburg, diz que estamos *intoxicados de transferência* [itálicos do autor]. (p. 199)

Willy Baranger (1976) sintetiza bem o problema, ao estabelecer um divisor de águas entre as escolas kleiniana e freudiana de corte francês, as duas mais influentes e atuantes em nosso meio. Pela clareza e poder de síntese com que expõe o problema, vou citá-lo um tanto extensamente.

Diz ele:

> O conjunto de fantasias descoberto por Melanie Klein como o Édipo primitivo enriquece sem dúvida nosso conhecimento do mundo imaginário humano; a elaboração teórica deste descobrimento leva a um desvirtuamento implícito da teoria freudiana do Édipo e a uma modificação profunda e muito discutível da técnica. [...] A correta colocação recíproca da relação dual e do triângulo, do Édipo tardio e do precoce, não é um problema acadêmico. Pelo contrário, orienta basicamente nossa atitude analítica e nosso posicionamento na situação analítica. A preeminência absoluta atribuída à ordem cronológica e lógica (pela aplicação extrema do enfoque genético) à relação com o peito nos pode fazer supor que, no fundo, toda relação transferencial se reduz à

relação dual com o peito ou com a mãe. Basicamente, a transferência se colocaria dentro de um *marco materno* de *nursing* ou de *holding*, o que corretamente nos pode incitar a dualizar em forma sistemática constelações que, na verdade, são triádicas, quer dizer, a forçar abusivamente a transferência materna. Esta maternalização da relação pode levar a privilegiar a linguagem oral nas interpretações, em detrimento da problemática especificamente edípica. Maternalização, oralização, dessexualização (no sentido da sexualidade genital), tais podem ser as consequências de uma exagerada ênfase sobre o enfoque genético. Ao contrário, a função específica do analista nos parece se colocar no registro essencialmente paterno (independente de seu sexo efetivo, naturalmente), já que se situa no limite mesmo que separa e define a ordem imaginária e a ordem simbólica. .... *Por isso a função do analista aparece como vinculada de forma intrínseca à função do pai como instituidor da castração. O analista se pode prestar, por sua presença atenta, à criação de todo tipo de fantasias e sentimentos de índole diádica, mas, cada vez que interpreta, rompe com a díada e reduz ao nível de ilusão sua anterior participação no vínculo diádico. Repete, ao interpretar, o que fez o pai ao proibir o incesto.* (pp. 303-314)

A meu ver, o problema talvez não seja tanto o de dar maior ou menor ênfase à transferência, mas as formas diversas como é ela entendida, a partir das diversas linhas teóricas.

O material clínico que apresentarei a seguir foi apreendido pela aplicação desses conceitos técnicos. Os exemplos foram escolhidos por apresentar de maneira muito clara o encadeamento das cadeias associativas, o *fio lógico*, a lógica paradoxal do inconsciente estruturado e organizado, tal como se evidenciou numa única sessão, ou num grupo delas.

Problemas éticos ligados à publicação dos casos clínicos

A publicação de casos clínicos se inscreve numa situação conflitiva de difícil solução. Por um lado, a privacidade do analisando, protegida pelo sigilo profissional preconizado pela ética médica. Do outro, a necessidade de promover o ensino e a pesquisa da psicanálise, para os quais é imprescindível a publicação de casos clínicos. Esses pontos foram estabelecidos com a clareza e o brilho habituais por Freud, na apresentação do caso Dora, citado acima.

Recentemente Glen Gabbard (2000) fez uma abrangente revisão do problema, acrescentando novos parâmetros vigentes nos países do Primeiro Mundo.

Ali vamos ver que, frente ao conflito de interesses inerente à publicação de casos clínicos, os responsáveis pelas revistas e periódicos médicos na Europa e nos Estados Unidos têm desenvolvido normas que estabelecem diretrizes estritas na produção de trabalhos clínicos.

O International Committee of Medical Jounals Editors (ICMJE – Comitê Internacional de Editores de Jornais Médicos), numa diretriz publicada em novembro de 1995 no British Medical Journal, enfatiza a necessidade de o autor obter a autorização do analisando para a publicação de seu caso:

> Os analisandos têm o direito à privacidade, e este não deve ser infligido sem seu consentimento informado. Informações que permitam sua identificação não deveriam ser publicadas em textos, fotografias e outros

dados a não ser que sejam essenciais para os propósitos científicos e que o analisando (ou pai ou tutor) dê uma autorização por escrito autorizando a publicação. O consentimento informado ("informed consent") para esse propósito exige que o analisando tenha visto o manuscrito a ser publicado.

Diz ainda a diretriz que detalhes que levem à identificação do analisando devem ser omitidos se não forem essenciais, *mas os dados jamais deverão ser alterados ou falsificados em função do sigilo de sua pessoa* [itálicos do autor]. A completa proteção da privacidade do analisando é difícil de obter e o pleno consentimento deve ser sempre conseguido em casos de dúvida. Por exemplo, ocultar a região ocular em fotografias é insuficiente para proteger seu anonimato.

O pedido por consentimento informado deveria estar incluído nas instruções da publicação para os autores oferecidas pelas revistas e pelos periódicos. Quando tal consentimento for obtido, isso deve ser indicado no artigo publicado.

Vê-se claramente que a diretriz do ICMJE dá preferência à precisão científica em detrimento da proteção da privacidade do analisando.

É interessante essa tomada de posição dos editores de revistas médicas sobre privacidade e precisão científica, pois ela permite, de imediato, evidenciar algumas peculiaridades do campo psicanalítico. *Se, do ponto de vista científico, é necessário o maior rigor na descrição dos fatos clínicos, que não devem ser alterados sob risco de invalidá-los, de imediato vemos como isso é impossível no relato psicanalítico, em que a questão do sigilo profissional e da proteção da privacidade do analisando tem um alcance e uma dimensão que não existem na medicina.* Por exemplo, com exceção de grandes celebridades ou de políticos, quando essas informações poderiam ter outras consequências, a publicação dos dados de uma doença renal dificilmente expõe a intimidade de um paciente. Coisa muito diferente é o relato analítico, que envolve a biografia, o comportamento atual, as relações sociais e pessoais do analisando.

Os casos analíticos, pela sua própria especificidade, não podem seguir as imposições dos editores de revistas médicas e seus parâmetros de precisão científica. Os casos necessariamente têm de ser disfarçados, e os dados pessoais biográficos não podem ser enunciados. Em alguns casos, tais dados precisam até mesmo ser inventados, no intuito de proteger a privacidade do analisando.

Também aí a questão do pedido de autorização para publicação tem implicações que não existem nos casos médicos.

Isso mostra como a psicanálise não pode seguir os parâmetros de cientificidade de campos tão próximos quanto o da medicina, o que dizer então dos mais distantes, pertencentes às 'hard sciences' – a física e a química, por exemplo.

Isso não implica dizer que a psicanálise não pode almejar ser considerada uma ciência. Apenas significa que as questões epistemológicas por ela desencadeadas devem receber respostas específicas, que estamos ainda estabelecendo.

Vivemos no Brasil atualmente um auspicioso momento de grande produção de trabalhos analíticos. Por isso mesmo, é importante relembrar aos autores – pressionados pela política do "publish or perish" – as questões éticas ligadas à confidencialidade, os cuidados com os interesses do analisandos e da própria psicanálise.

No trabalho acima citado, Gabbard propõe cinco formas de lidar com o problema: o disfarce do material, o consentimento do analisando, o enfoque processual, a formação de compósitos e a autoria de um colega.

O disfarce nas exposições clínicas, forma mais tradicional de lidar com o problema, coloca a questão da "falsificação" dos dados, que fere o atual critério de cientificidade imposto pelas publicações científicas. Mas ela pode ser usada judiciosamente e obedecendo a uma lógica. Por exemplo, se o analista está focalizando problemas de gênero, o sexo do analisando não pode ser alterado, o que será possível se estiver abordando problemas de outra ordem, nos quais esse aspecto não é relevante.

Idealmente, o disfarce só deveria deixar o reconhecimento possível entre o analista e o analisando. Não se pode ignorar que hoje, via internet, o acesso a qualquer material é muito fácil, podendo chegar ao analisando ou a seus familiares. Portanto, é sempre mais conveniente escrever sobre analisandos que já terminaram a análise, o que torna mais fácil o estabelecimento do disfarce.

É importante também salientar a reação dos analisandos quando se reconhecem nos escritos de seus analistas. Há alguns registros dessas reações – sempre muito desconcertantes. Um deles diz respeito ao escritor Philip Roth. Certo dia, ao chegar para sua sessão analítica, Roth deparou com uma revista na qual havia um artigo de seu analista. Surpreso, Roth constatou que era um relato baseado em seu caso, o que provocou uma crise com o analista e o motivou a escrever um romance (*Minha vida como homem*), no qual ficcionalizava o episódio, ridicularizando o analista.

A segunda forma, o consentimento informado, é extremamente difícil, envolvendo aspectos muito complexos, pois está diretamente ligada às oscilações da transferência. Consequentemente, mesmo quando ele é dado pelo analisando, nunca se sabe se significa uma concordância efetiva (sentir-se-á autorizado o analisando para dizer um não ao pedido de seu ex-analista? Como reagirá em momentos outros, quando a transferência negativa aparecer?). Mesmo com o consentimento, pode ser muito perturbador para o analisando ler sobre seu caso, especialmente no que diz respeito à contratransferência do analista, elemento cada vez mais presente nos relatos clínicos atuais.

A terceira forma – o enfoque processual – como o nome indica, dispensa a história e os elementos de identificação do analisando, atendo-se aos movimentos pontuais da fantasia e da transferência na relação analítica, num determinado momento do processo. Se, por um lado, dessa forma o analisando fica protegido, fica muito limitada a compreensão do caso como um todo.

O uso de figuras compósitas ou compostas, quarto recurso citado por Gabbard, é uma forma que pode ser usada apenas para fins didáticos e sempre exposta como tal – características e traços de diferentes analisandos compondo uma figura para fins de ilustração da patologia.

O último recurso seria o analista solicitar a um colega, a quem conta o caso, que o relate, ficando analisando e analista protegidos – o analisando, por não ver o nome de seu analista, e este, por poder expor mais livremente os sentimentos contratransferenciais ocorridos durante a análise.

Gabbard, da mesma forma que Freud, conclui reconhecendo o impasse, dizendo não haver solução ideal, devendo cada caso e cada circunstância da exposição serem pesados apropriadamente, levando em conta sempre os interesses conflitantes em jogo.

Recentemente o Freud Museum, de Londres, promoveu uma série de conferências tendo como tema central a apresentação de casos clínicos, como veremos a seguir.

Britton (1997) fala das dificuldades psicológicas que envolvem a publicação de casos clínicos. Tendo como referencial o complexo de Édipo, diz que o tornar público algo que foi antes uma relação privada a dois é a introdução do terceiro, e isso é sempre gerador de culpa e constrangimento por parte do analista, que teme estar traindo ora o analisando, ora seu grupo, a quem deve lealdade em sua produção teórica. Além do mais, ele está expondo não só o material do analisando, mas a si mesmo. Tal exposição gera a angústia de ser rejeitado pelos seus leitores preferenciais – seus colegas – e ser excluído do grupo a que pertence. Esse ponto é especialmente marcante hoje em dia, devido à fragmentação do que Britton chama – apoiando-se em Khun – de "paradigma teórico", ou seja, uma teoria analítica hegemônica e universalmente compartilhada. Quando há um paradigma teórico estável, a produção de trabalho gera menos angústia. Mas numa situação como a atual, em que há muitas correntes teóricas em luta, ao publicar algo, o autor teme estar traindo seu próprio grupo ou que assim seja entendido seu trabalho. Frente a essas angústias podem aparecer formas sintomáticas de inibição, desordens sintomáticas do texto e franca ansiedade. Quando isso não ocorre, deve-se a mecanismos maníacos denegadores que produzem uma ortodoxia complacente, uma iconoclastia triunfante ou uma ilusão de originalidade nos trabalhos realizados.

Susan Budd (1997) mostra como o ensino da psicanálise – tal como o da advocacia – depende grandemente da exposição de casos clínicos e, em sua opinião, o grande interesse para aqueles que estão em formação não reside nas questões teóricas, e sim no "como fazer" – na prática, enfim. Budd tem uma curiosa e pertinente ideia, a de que a compreensão de um caso clínico só é possível devido a uma sutil identificação do ouvinte ou leitor com o analisando e/ou com o analista. Não é, pois, uma compreensão inteiramente intelectual. Assim, deveríamos ler ou ouvir um caso clínico, sem questioná-lo, sem fazer perguntas, pois elas quebram todo o delicado arcabouço construído pelo analista para produzir suas interpretações, forçando-o a responder a questões que não lhe ocorreram, o que o levaria a mentir. Por sua vez, mostra como a exposição de casos clínicos é complicada. Quando os que a escutam ou leem não são analistas, eles tendem a se identificar com o analisando, posicionando-se "contra" o analista. Já os próprios analistas tendem a rivalizar com quem escreveu ou apresentou o caso.

Budd faz interessantes observações sobre o estatuto científico da psicanálise e, consequentemente, das interpretações analíticas. Reconhecendo que Popper e Khun usam critérios de cientificidade que excluem a psicanálise, a eles contrapõe a visão de Herbert Simon, que divide as ciências em *naturais* e *artificiais*. As primeiras – ciências *naturais* – são susceptíveis de análises positivistas e se ocupam com o mundo externo e o micromundo interno de nosso corpo (fisiologia, bioquímica, por exemplo). Entre estes dois mundos (externo e micromundo interno), estão as ciências que estudam as estruturas ou sistemas *artificiais*, criados pelos homens, que são atravessados pela subjetividade, com propósitos e objetivos humanos, com a mútua compreensão e autoconsciência humanas – a economia, a engenharia e a psicologia (ao que poderíamos acrescentar a psicanálise). Estão tais ciências preocupadas com os artefatos e a forma como funcionam em diversos meios, e, assim, focalizam não apenas como eles são, mas como deveriam ser e a maneira de conseguir isso. Apesar disso, as ciências *artificiais* têm critérios internos do que é ou não razoável, podem aferir se uma afirmação é verdadeira ou não. A lei, por exemplo, claramente não é uma ciência, mas é um corpo ordenado de conhecimentos, para o qual se pode trazer evidência para mostrar quão bem funciona na regulação do mundo social. Teríamos um preconceito com esses conhecimentos *artificiais* e tenderíamos a valorizar os *naturais* como os únicos válidos.

Budd lamenta que, devido aos problemas da confidencialidade, cada vez menos frequente se apresenta material com a história do analisando, restringindo-se as apresentações aos acontecimentos ocorridos numa sessão, como se tudo o que importasse fosse aparecer na transferência. Essa crença tenta contornar o sério problema que nossa especialidade enfrenta, decorrente das restrições impostas pelo sigilo. Não se pode esquecer que, ignorando a história do analisando, elementos importantes ficam inviabilizados, como os que relacionam a história com a patologia, as consequentes avaliações do material, do diagnóstico, do prognóstico e dos protocolos de comparação de casos, etc.

Julia Borossa (1997), historiadora da psicanálise, enfoca o caso clínico dentro do que considera a precariedade da psicanálise, esse conhecimento especial que se processa no encontro entre analista e analisando. Vê as dificuldades inerentes à escritura do caso clínico como um paralelo dos impasses gerados pela institucionalização da psicanálise. Parafraseando Derrida em *Mal de Arquivo*, diz que o analista é o historiador que, ao descobrir a história, deve – contraditoriamente – mantê-la em segredo. Por outro, tem de torná-la pública para que se dê a transmissão da psicanálise no tempo, entre gerações. É aí que o privado se transforma em público, e é esse um impasse insolúvel.

Laurence Spurling (1997) aponta para um outro aspecto do caso clínico, que é sua ligação com a retórica e a literatura. Isto o faz enfatizar que um caso "bem escrito" prova, antes de mais nada, a habilidade literária de seu autor, não necessariamente sua capacidade analítica. Cita Tuckett:

> Existe a possibilidade de que uma história boa, bem contada e coerente crie o risco da sedução, a qual, no contexto da comunicação para outros, pode ser resumida assim: mais uma narrativa é satisfatória intelectual, emocional e esteticamente, melhor ela incorpora eventos clínicos através de recursos ricos e sofisticados,

menos espaço é deixado para a audiência notar possibilidades alternativas e elaborar narrativas diferentes. (pp. 64-76)

Donald P. Spencer (1997) apresenta um artigo desafiador e cético, a começar pelo nome, "Casos clínicos e a realidade por eles representada – as muitas faces do 'nachtraglichkeit'". Argumenta que, como analistas, estamos muito cientes da falibilidade da memória e de como ela é permeada pelo desejo, falseando grandemente os fatos que deveríamos relatar. Mas esse conhecimento não parece ser usado em nossa própria prática clínica nem em sua maior evidência, os casos escritos, que são baseados inteiramente na memória de quem os escreve. Além do mais, desconhecemos como o analisando ouve o que é falado pelo analista, bem como a forma usada por este (entonação, inflexão, *timing*, etc). Tudo isso provocaria quatro tipos de erros no leitor dos casos clínicos: tomar a versão do autor como a realidade do que ocorreu; apegar-se ao conteúdo das falas do analista, ignorando a forma como foram ditas; imaginar que o entendimento captado pela leitura é o mesmo que o analisando obteve na sessão. Outra coisa fundamental é o não sabermos o que se passa na cabeça do analista ao dar as interpretações – exemplos conhecidos são aqueles que mostram analistas prestes a entrar em férias entendendo todas as referências à separação como ligadas às suas férias e os que estão pensando em alterar os preços especialmente atentos à menção ao dinheiro. Tendo feito todas essas críticas à forma como é produzido o relato clínico, poder-se-ia pensar que Spencer advogaria o uso de gravadores ou de filmadoras como instrumentos que diminuíssem esses problemas, mas não é esse o caso. Aliás, em minha opinião, o uso de instrumentos que podem registrar a sessão (gravadores e filmadoras) é um problema à parte que deveria ser mais investigado. Outro ponto sublinhado por

Spencer é a raridade de relatos que descrevam os muitos momentos de confusão e desorientação do analista frente ao material que o analisando produz.

Encerro este capítulo com uma inquietante descrição que Roudinesco (1995) faz dos casos clínicos em psicanálise:

> Todos os estudos de casos são construídos como ficções necessárias à legitimação das hipóteses do autor. O caso só tem valor de verdade porque é escrito como ficção. Geralmente, é adaptado à nosografia da época em que foi escrito. Em outras palavras, Anna O. – caso *princeps* da histeria vienense do final do século – hoje não seria considerada uma histérica, pois a concepção de histeria mudou com o advento do saber freudiano. *E, sobretudo, sempre que o analisando real comenta retrospectivamente seu próprio caso – como o fez o "Homem dos Lobos" – ele conta uma história diferente da história escrita pelo sábio. Não, ele não foi curado; não, ele não é o que a ciência fez dele! Ele não quer o seu duplo e recusa a vestimenta da ficção. Em resumo, foi vítima de um discurso que não é o seu: fantasma errante e sem identidade [...] [Isso] confirma a existência de uma divisão incessante, observada por Foucault, entre uma consciência crítica da loucura (a dos alienistas) e uma consciência trágica (a do discurso da loucura). As duas devem ter, aos olhos do historiador, o mesmo valor de verdade.* (pp. 98-99)

Ao escrevermos nossa experiência clínica, forma inelutável de transmissão da psicanálise, deveríamos ter sempre em mente essa divisão entre a consciência crítica da loucura (a teoria com a qual o profissional se apoia para enfrentá-la) e a trágica (a vivência pessoal de quem nela está mergulhado). Nossa tarefa deveria ser a de diminuir o fosso entre as duas.

PARTE 2

As Sessões

Os capítulos deste livro são sessões psicanalíticas em que, resguardadas as alterações de praxe, necessárias para proteger a privacidade do analisando, tento reproduzir, da maneira mais direta possível, o que ali aconteceu, tanto no discurso do analisando e em suas atitudes transferenciais como em eventuais reações contratransferenciais mais pronunciadas de minha parte. Seguindo o modelo freudiano, procuro mostrar como – pela linguagem – interagem escuta analítica e associação livre.

O objetivo não é apresentar uma sessão inteira, ou mesmo mostrar as respostas do analisando às interpretações e às construções, sabidamente a única forma que temos para validá-las ou não. Tento captar o analista em seu papel, em seu ato e em sua ação, ao dar sentido e significação àquilo que aparentemente não o tem.

Como já vimos, a interpretação e a construção são hipóteses organizadas a partir dos referenciais teóricos do analista. Dessa forma, não é por acaso que os materiais escolhidos evidenciam muitas vezes a problemática da castração, conceito de suprema importância no aparato teórico freudiano e neofreudiano francês, com o qual muito me identifico.

Optei por não fazer referências bibliográficas ou teóricas e, ao escrever, mantive a mesma linguagem que usei com o analisando. Quero, assim, deixar o material clínico bem claro e desembaraçado, o que, junto com alguns dados da história, possibilitará ao leitor fazer um exercício de interpretação e de construção, podendo chegar a suas próprias conclusões, as quais poderá confrontar com as minhas, que estão dispostas num comentário colocado no final do artigo.

Estas vinte sessões foram escolhidas porque nelas – excepcionalmente – foi possível configurar uma construção plausível no curto espaço de cinquenta minutos, coisa que, na maioria das vezes, demanda muito mais tempo e trabalho.

Talvez por isso esse conjunto de sessões leve o leitor a concluir que o trabalho do analista ocorra sempre dessa forma. Não é verdade. Não poucas vezes, temos de suportar longos períodos caminhando na escuridão, andando às apalpadelas, antes que se esclareça o que se passa no trabalho analítico. Até lá, aguentamos silêncios ou falas evacuatórias agressivas, cheias de angústia e frustração, as quais nos invadem e nos fazem sentir impotentes e incapazes de fazer qualquer coisa. Mas sabemos que, vencidas as resistências, inevitavelmente se configurará um sentido, estabelecer-se-á a compreensão dos processos internos do analisando, que se expressam no seu discurso, na sua transferência.

Sessão 1 – Jonas

Jonas começa a sessão relatando ter encontrado novamente uma colega de trabalho sobre a qual tem falado bastante nos últimos tempos, por sentir-se muito atraído por ela. Mais uma vez diz como a acha atraente e como a deseja sexualmente.

Escuto calado, registrando o tom de desafio e de provocação com que o Jonas a mim se dirige, como se quisesse me afrontar ou desafiar ao dizê-lo.

Mantenho-me em silêncio e, após um curto intervalo, Jonas volta a falar. Diz que, daquela vez, enquanto estava com a colega, lhe ocorrera uma ideia que o deixara extraordinariamente excitado: imaginara como seria bom se ela urinasse em seu rosto.

Até então eu ouvia seu relato com certa indiferença, devido a sua conotação um tanto repetitiva e insistente nas últimas sessões. No entanto, ao ouvir sua fantasia, sinto-me pego de surpresa. Ela me parece inesperada e inusitada, não condizente com o mundo interno de Jonas. Sinto-me alerta e me coloco algumas questões – por que estaria ele me contando isso agora? Por que o fazia de maneira desafiadora? Por que, apesar de dizer que tal fantasia o deixava excitado sexualmente, parecia perplexo e angustiado com ela?

Viktor Smirnoff (1995) disse: "Desse discurso que mergulha em seus ouvidos, o analista procura, como dizem os ingleses, *to make sense*, considerado aqui não somente no seu valor idiomático de *tornar sensato* o que não o é (o nonsense), mas no sentido estrito: *fazer ou criar sentido*" (XX). É o que, como analista, começo a tentar fazer. Começo a construir significados.

Lembro como ultimamente Jonas tem relatado um comportamento galanteador com todas as mulheres, não só com a colega que menciona nas últimas sessões, um comportamento que não lhe era habitual. Na verdade, tal conduta se instalara quando o analisando soube da gravidez de sua mulher.

Essa coincidência temporal e o material associativo permitiram-me entender isso como uma tentativa de atuação de Jonas frente à gravidez de sua mulher. Tenho, consequentemente, mostrado a ele, sempre que o material aparece, como ele está se sentindo ameaçado pela gravidez, como ela faz com que se sinta abandonado e traído por sua mulher e, por esse motivo, tenta retaliar, vingando-se ao se imaginar traindo-a das mais variadas formas.

Construí essa situação a partir de dados que Jonas trouxera no correr da análise. Lembro que, quando começou a análise, Jonas namorava a atual esposa e vivia seu futuro casamento como uma traição a sua família, constituída pelos pais e um irmão mais novo.

Os pais residiam no interior do estado e ele morava em São Paulo, com o irmão. Embora esse irmão fosse um profissional de grande sucesso, Jonas continuava a vê-lo como uma criancinha a ser protegida, atitude que mantém desde sua própria infância. Com o correr da análise, tínhamos visto como sua compulsiva necessidade de proteger o irmão configurava uma poderosa formação reativa frente ao ódio que sentia por ele, sua vontade de destruí-lo, a ele que efetivamente o destronara ao nascer e que se tornara o filho preferido do pai. Desnecessário lembrar que sua poderosa rivalidade fraterna era um mero deslocamento de sua conflitiva mais séria e importante, a situação edipiana, sua rivalidade contra o pai e seus ciúmes da mãe.

O analisando só conseguiu se casar ao se separar afetivamente do irmão, ao compreender e elaborar a formação reativa que controlava seu ódio e sua agressividade frente a ele.

Assim, parecia que uma das razões pela qual ficava tão ameaçado com a gravidez de sua mulher se devia a uma reatualização de sua vivência de abandono frente à gravidez de sua mãe e ao nascimento de seu irmão.

Lembro que, há pouco tempo, imediatamente antes que a mulher engravidasse, Jonas tinha trazido um material em que se ressentia com sua futura e planejada gravidez, porque isso a impediria de trabalhar. Jonas perderia a "força de trabalho" dela, como dizia, e os dois ganhariam menos dinheiro.

Nessa mesma sessão, Jonas relatou que tinham roubado uma vaca na fazenda do sogro. Tinham encontrado só a **barrigada** do animal.

Pergunto-lhe o que quer ele dizer com **barrigada**. Jonas explica que **barrigada** são as vísceras da vaca, as quais os ladrões abandonaram por não terem valor comercial.

A partir do fato de **barrigada** significar também **parição de filhotes, gravidez**, significados não levados em conta naquele momento por Jonas, foi possível mostrar-lhe como vivia sua ambivalência em relação à gravidez da mulher.

Entendi que, ao mesmo tempo em que desejava que a *barrigada* da mulher, ou seja, que ela engravidasse, Jonas também desejava atacar sadicamente seu ventre, tirar-lhe a **barrigada**, fazer uma eventração, eviscerá-la, destruindo não só a **barrigada**, o filho fruto das relações sexuais, mas a ela mesma, tal como fizera o ladrão, roubando e matando a vaca.

Revelava, assim, o ódio infantil pela mãe, sentimento despertado por sua gravidez, entendida como traição e abandono, ódio que seria estendido ao irmão e que – devido à formação reativa – se transformara num cuidado compulsivo para com ele. Tudo isso se reatualizava com a gravidez da mulher.

Lembro ainda que, logo ao casar-se, por um longo tempo, Jonas não conseguia atingir o orgasmo e ejacular, o que lhe foi interpretado – entre outras coisas – como forma de evitar a temida e indesejada gravidez.

Assim, quando ouvi sua fantasia – o "excitar-se com uma mulher que urinaria em seu rosto" – de certa forma, repassei automaticamente toda essa situação em minha cabeça, tentando entender e descobrir como isso se inseriria no contexto existencial e analítico em andamento, nas cadeias associativas que se tinham revelado recentemente. Faria ela parte de todo esse complexo de fantasias e sentimentos desencadeados pela gravidez de sua mulher?

Noto meu interesse contratransferencial, reconheço que estou curioso; tenho vontade de saber mais, mas mantenho-me em silêncio.

Jonas volta a falar como seria excitante se a colega urinasse em seu rosto.

Pergunto-lhe como vê essa excitação: por que o fato de ter uma mulher urinando em seu rosto o deixaria excitado sexualmente?

Jonas diz inicialmente não saber responder, mas, em seguida, vai associando algumas ideias. Diz que, em sua opinião, as mulheres têm uma grande vergonha ao urinar; não o fazem na frente de qualquer pessoa. Essa vergonha se daria pelo fato de não terem pênis. Elas urinariam escondido, secretamente. O próprio fato de urinarem sentadas já mostrava a vergonha, o esconder-se, o disfarçar. Elas jamais urinariam de pé, pois se molhariam inteiramente, na medida em que o jato de urina não se afastaria do corpo e escorreria pelas pernas, o que as deixaria mortificadas.

Em sua fantasia, Jonas me diz que se via deitado, a colega estaria de pé, com as pernas bem abertas, urinando em seu rosto. Sua posição permitia-lhe observar exatamente os genitais da colega e, mais ainda, sua face, que estaria totalmente envergonhada, humilhada, posto que ele presenciava sua vergonha e seu constrangimento. E era exatamente isso que o deixava excitado.

Mostro-lhe que, ao descrever mais minuciosamente sua fantasia, ela fica um tanto modificada. O que está em jogo não é propriamente o receber o jato de urina no rosto, coisa que, de resto, a crer em sua descrição, nem ocorreria, e sim – muito mais – o observar a face de sua colega, onde, ele acreditava, estariam estampadas a vergonha e a humilhação por estar ele observando a micção. *Isso sim s*eria o motivo de seu prazer.

Jonas concorda. Volto a falar, sublinhando que seu prazer implica a humilhação e a submissão da colega.

Há, pois, uma reviravolta. O que parecia ser uma submissão sua, o ficar na posição humilhante e submetida de receber o jato de urina, na verdade oculta e revela a situação oposta, a de humilhação e submissão do outro (a colega).

O que parecia ser uma fantasia masoquista se revela como sádica.

O relato de Jonas deixa mais clara sua fantasia, o que me permite considerar que ela se encaixa no contexto analítico em andamento, nas cadeias associativas investidas que têm aparecido ultimamente, pois tudo o que Jonas tem trazido nas últimas sessões gravita em torno dos complexos de Édipo e de castração. Essa sua fantasia é apenas um derivado mais direto e menos distorcido do fantasma de castração, descrito da maneira mais limpa e cândida pelo analisando, *descrição tanto mais valiosa por não ter ele nenhum conhecimento da teoria analítica. Mais ainda, essa fantasia confirma* as construções que eu vinha fazendo até então.

Como se sabe, mais que uma concordância ou uma negação, o que vai validar uma interpretação ou uma construção é o material associativo subsequente. Dessa forma, a fantasia aparece como resposta ao trabalho que vinha sendo realizado até então. E ela, relatada por Jonas espontaneamente, traz um fragmento conservado com perfeição da sexualidade infantil – a maneira como as crianças interpretam a diferença anatômica entre os sexos, a teoria infantil do único sexo, o fálico.

Como diz Lacan, à castração enquanto mutilação imaginária corresponde a castração simbólica, aquela que implica o rompimento da ligação narcísica com a mãe. A percepção da diferença anatômica entre os sexos é vivenciada imaginariamente como decorrente de uma castração, e essa vivência retroativamente ressignifica a ferida narcísica da perda da mãe, com a dor e o sofrimento nela implicados, afetos que Jonas projeta na mulher, vista então como inferior e humilhada.

Ao fazer fantasias sexuais com a colega, Jonas a coloca como objeto de amor e desejo, estando sua mulher no lugar do objeto abandonado, atacado agressivamente. O curioso é que, em tal fantasia que traz agora, a própria colega é também vítima de sua agressão. Parece ser ela uma mera substituição de sua mulher, que, por sua vez, é a representante de sua mãe, de quem efetivamente se vinga.

Em sua fantasia, quando goza com a mulher urinando em seu rosto, Jonas projeta radicalmente na mulher, a quem humilha, a angústia decorrente da exclusão, numa reatualização das vivências infantis ligadas à gravidez da mãe.

De que maneira toda essa situação se reflete na transferência?

Em primeiro lugar, o fato de estar Jonas contando-me todas essas intimidades, coisa que não diria a seu amigo mais próximo, evidencia sua posição dentro da transferência, uma estrutura assimétrica onde ele, o que não sabe, conta seus segredos a um "suposto saber", a uma figura paterna. Mas esse é um enquadre macroscópico e abrangente, que pode ser mais delimitado.

Não devemos esquecer que Jonas relata suas fantasias num tom de clara provocação e rebeldia, como se desobedecesse a minhas ordens e a meus desejos.

Desde a gravidez da mulher, quando começou a falar de seu desejo de ter relações sexuais extraconjugais, minhas interpretações e construções eram sentidas por Jonas como desaprovações e censuras.

Isso tinha várias conotações. Num nível, ativava uma transferência paterna. O analista era o pai que proibia e a quem ele desobedecia sistematicamente, reatualizando sua vivência com o pai desacreditado e frágil de sua infância.

Mais profundamente, atualizava comigo o próprio conflito com a mãe: ao sentir que eu o reprovava com minhas interpretações, colocava-me no papel da mãe que não o protegia, não tomava seu partido e que cuidava só do outro filho – no caso, sua mulher. Assim, ele se vingava, atacando-me e "desobedecendo-me".

Ou seja, na compulsão à repetição, o triângulo se reconstituía de várias formas. A mulher grávida era vista como a mãe grávida que exibia o fruto da traição, que o relegava por causa do filho mais novo, fruto do amor com o pai, deixando-o alijado, ciumento e raivoso. Na transferência, sentia que o analista se aliava à mulher, protegendo-a e, consequentemente, escorraçando-o, o que o deixava cheio de ódio e desejos de vingança, levando-o a atacá-lo.

Neste ponto, o quadro estava temporariamente completo em minha mente, e é então que falo para Jonas minhas interpretações e construções, que são hipóteses a serem confirmadas no material subsequente e na conduta sintomática do analisando.

A compreensão atingida nesse momento da análise não traz nenhuma novidade especial, sendo apenas mais um elemento dentro do contexto interpretativo em andamento, e foi dada ao analisando nessa e em sessões subsequentes, no lento trabalho de perlaboração ao qual se dedica o analista.

O fato de não ter Jonas atuado sua exclusão infantil, desenvolvendo relações extraconjugais, foi visto como decorrente do efeito terapêutico dessas interpretações e construções, que o ajudaram a integrar aspectos infantis de seu Édipo, suas fantasias sádicas agressivas contra a mãe-mulher, que, se atuadas, gerariam culpa e terminariam por se voltar contra ele mesmo, destruindo seu relacionamento conjugal, por ele mesmo muito valorizado.

O fato de Jonas, depois do nascimento do filho, ter fantasias de matá-lo – jogando-o pela janela do apartamento ou enfiando um lápis em sua fontanela – dá prova da persistência e força de sua conflitiva com o irmão. Evidencia como o complexo de Édipo do pai se manifesta diretamente no contato com o filho, o que coloca nosso analisando, pois, na dupla posição de Édipo e de Laio.

Que Laio seja apenas uma outra face de Édipo é a prova maior da dimensão estruturante deste complexo.

Sessão 2 – Bia

Bia tem cerca de cinquenta anos. Está casada pela segunda vez e mantém um relacionamento tumultuado com o marido. Brigam muito por mútuos ciúmes e por questões financeiras.

Bia é filha única mulher e tem vários irmãos. Seus pais estão vivos. A mãe teve alguns casos extraconjugais e um episódio marcante na história de Bia é o descobrir, na adolescência, uma dessas infidelidades da mãe, contando-a ao pai, que, sem interesse em receber esta informação, a ignorou, deixando Bia desorientada e confusa. Anos depois desse episódio e sem ter nenhuma vinculação com ele, os pais se separaram. A mãe sofre de uma doença crônica grave há anos, que a deixou inválida.

Há uns quinze anos, Bia teve uma grande crise psíquica, mostrando-se na ocasião tomada pelo misticismo e por preocupações religiosas, tendo sido necessária uma internação por curto período.

O estado de saúde física e mental da mãe de Bia, a quem os filhos não visitam com regularidade, tem ultimamente deteriorado, e ela veio a morrer uns quatro meses depois destas sessões.

Sessão 1 – Bia chega muito desanimada e diz estar vindo da casa da mãe, aonde – vencendo preguiça e má vontade – tinha ido também no dia anterior, quando a velha empregada da casa tinha pedido que ela lhe cortasse o cabelo. Por brincadeira, Bia tinha proposto uma troca: ela lhe cortaria sim o cabelo se a empregada fizesse um determinado bolo de que ela gosta muito. A empregada tinha concordado, e Bia tinha ido naquele dia à casa da mãe munida de uma tesoura, disposta a cortar-lhe o cabelo e saborear o desejado bolo.

Estava feliz com tudo isso; sentia uma domesticidade agradável, uma intimidade, uma coisa boa, uma desculpa gostosa para ir à casa da mãe, o que raramente ocorria.

Ao chegar lá, entretanto, deu tudo errado. A mãe, ao saber que Bia ia cortar os cabelos da empregada, ficou agressiva, inquieta e não permitiu. Alegou que era um absurdo que ela se rebaixasse tanto e que tocar os cabelos da empregada poderia ser perigoso, dando-lhe muito azar.

Bia tentou dizer que era bobagem tudo aquilo, o que fez a mãe ficar ainda mais irritada e nervosa. Sem se deixar intimidar, Bia tentou cortar os cabelos da empregada, a qual, vendo a agitação na qual ficara a patroa, mãe de Bia, desistiu do corte.

Em seguida, a mãe colocou todos os muitos remédios que toma num prato e pediu que Bia os levasse para fazer uma análise química, pois tinha certeza de que os médicos a estavam envenenando. Passou então a xingá-los, bem como as enfermeiras, queixando-se de que não cuidavam bem dela.

Bia achou que a mãe estava totalmente louca. A contragosto, comeu um pedaço do bolo que a empregada lhe deu e logo saiu, vindo para a sessão.

Embora o material me parecesse rico em conteúdos e significantes orais, característicos da relação primária com a mãe (o voltar para a casa da mãe, o comer bolo feito pela empregada, o prato cheio de remédios que envenenam, os cuidados corporais), conteúdos e significantes estes envolvidos em forte coloração paranoide que se refletia também no fato de estar cindida a mãe em duas, a "boa mãe" empregada e a "má mãe" louca, minha intervenção foi mobilizada pela constatação, na contratransferência, de meu desejo de amparar Bia, de recompensá-la, de ser eu uma boa mãe diferente da "louca" que ela me descrevia. Sentia que me cabia ser receptivo e continente de sua dor, de sua tristeza e depressão, de seu afastamento defensivo frente àquela mãe louca. Procurei não atuar o papel da "mãe boa" que ela me solicitava, mas interpretar seu desejo, apontar sua vivência de rejeição.

Mostro que ela está profundamente frustrada por ter feito um gesto de aproximação e carinho para com a mãe e que esta o rejeita, com isso destruindo um momento que poderia ter sido de intimidade, de proximidade.

Bia diz que a mãe sempre fez coisas assim.

Digo que lhe é muito duro ver as dificuldades e as limitações da mãe.

Bia diz que pode fazer muito pouco pela mãe, sendo o que faz não aceito.

Confirmo tal ideia.

Sessão 2 (dia seguinte) – Bia diz ter tido um pesadelo terrível. Era noite alta e estava indo de carro com o marido por uma estrada deserta. De repente, são seguidos por policiais que os obrigam a parar e os prendem. São suspeitos de terem cometido algo muito grave, ainda que não tenham ideia do quê. Os policiais começam a fazer insinuações maldosas e perigosas. Bia está com muito medo, teme ser assassinada. Tenta argumentar, dizer que deve ter havido algum engano, diz serem inocentes, precisam ser libertados. Os policiais ignoram o que ela diz e a levam para um aposento onde estão sendo torturadas várias pessoas. Levam-na para perto de uma delas e dão-lhe um martelo com a instrução para martelar-lhe a cabeça. Bia fica apavorada. Olha com horror para o corpo deitado a sua frente e observa que este tinha uma cabeça estranha, na verdade, a cabeça de uma galinha. A pessoa talvez já estivesse morta, visto que já havia recebido muitas marteladas. Bia se recusa a fazer o que mandam. Os policiais pegam-lhe a mão e obrigam-na a martelar a cabeça da criatura.

Bia acorda em pânico, chorando muito, convulsivamente. E logo passa a achar que aquele sonho era uma evidência de que ela, em algum momento no passado, havia sido efetivamente torturada, que havia tentado denunciar os torturadores e que a tinham impedido. Eu, seu analista, devia ser um dos torturadores. Estava muito assustada, pois lhe parecia que muita gente estava envolvida nesse fato.

Vejo que Bia vai ficando progressivamente muito agitada ao relatar o sonho e, ao fazer sua última comunicação, está ofegante e inquieta no divã. Sinto-me invadido por uma grande ansiedade, temo que Bia se descontrole, sinto que ela está à beira disso. Fico na dúvida se peço para que se sente no divã ou vá para a poltrona, numa tentativa de estabelecer um contato mais realístico com ela. Contenho-me e peço maiores esclarecimentos. Pergunto-lhe como poderia ser eu um dos torturadores.

Bia diz que, anos atrás, quando ficou doente e foi internada, seus sintomas se resumiam a isso, a algo parecido com o sonho e com o que estava sentindo naquele momento. Ela imaginava saber determinados segredos que envolviam torturadores. Bia tentava denunciar os torturadores e tinha de se defrontar com dois grandes grupos: aqueles que a apoiavam, encorajando-a a fazer as denúncias, e os que não a apoiavam e tentavam impedi-la de fazê-las. Esse último grupo agia assim porque se preocupava com sua segurança ou por má-fé, por defender os torturadores. Isso acontecera no auge da ditadura, quando havia muitas histórias sobre torturas e prisões.

Ao acordar naquele dia, tudo isso tinha voltado à tona. O sonho parecia-lhe real, uma prova de que tinha vivido tudo aquilo mesmo – teria sido presa e torturada, depois teriam lhe dado um choque elétrico para esquecer tudo, era por isso que o sonho voltava. Ela estava convicta de que eu (seu analista) estava envolvido na trama, mas eu não queria que ela lembrasse e tentava encobrir as coisas. Ela não sabia qual meu interesse, mas estava muito desconfiada. Bia me pergunta diretamente se eu estou do lado dos torturadores e por quê.

Sinto que continuo assustado e angustiado com o que ouço de Bia. Pergunto-me se peço para ela se levantar do divã e sentar-se na poltrona. Tento me acalmar. Peço-lhe mais informações, pergunto-lhe o que mais lhe ocorre em relação aos torturadores, ao sonho. Sinto que preciso de mais dados e tento ganhar tempo.

Bia fala como, ao acordar, fez um enorme esforço para retomar minha imagem, provando para si mesma, lenta e minuciosamente, que eu não poderia ter sido um torturador. Fez esse processo com todos os outros envolvidos na fantasia de torturadores. Levou horas recuperando um a um todos os amigos.

Muito angustiada, chorando, Bia se pergunta agora por que estaria tudo aquilo acontecendo; será que ela estava em segurança ao confiar em mim? Será que a loucura é achar que eu sou um torturador ou a loucura é confiar em mim?

Lembrando-me da sessão anterior, mostro-lhe como, após ver a mãe completamente louca, precisa ficar exatamente igual a ela, como se não pudesse estar bem, criativa e produtiva, quando a mãe está tão mal física e psiquicamente.

Digo-lhe ainda que ela precisa ficar igual à mãe para se punir pelo ódio que sentiu no dia anterior em relação a ela, ao ver rechaçado seu gesto amoroso ao ir visitá-la, ao tentar cortar o cabelo da empregada. O ódio faz com que tenha vontade de martelar a cabeça dela. Fica assustada e culpada com esse sentimento e se pune de várias maneiras – ficando louca, tendo um analista torturador que, em vez de ajudá-la, a entrega aos policiais sádicos.

Após um longo silêncio, quando pareceu acalmar-se, Bia pergunta por que fica com a ideia de denunciar os torturadores, por que ficam os que querem e os que não querem que denuncie os torturadores, por que será isso, por que voltou tudo isso?

Digo-lhe que sua pergunta aponta para alguns significados muito específicos, que complementam o que eu tinha acabado de falar, pois de fato, num certo momento, ela quis fazer uma denúncia e foi impedida. Quis denunciar os amantes da mãe e foi impedida por todos, especialmente pelo pai. Isso tudo volta agora no ódio à mãe desencadeado no dia anterior. Novamente imagina denunciá-la e destruí-la, martelar-lhe a cabeça de "galinha", que é, como se costuma chamar de forma pejorativa, uma mulher sexualmente fácil.

Tudo isso a deixa culpada e necessitando de castigos.

Bia fica calada um tempo e diz que faz muito sentido o que lhe falo.

Em primeiro lugar, note-se a forma como tratei o sonho. Não solicitei associações livres, como habitualmente faço. Agi assim em função da extrema angústia da analisanda, que criava uma certa urgência, e – principalmente – por julgar ter conhecimento dos restos diurnos que o compunham, desde que lembrava o relato das fortes emoções sentidas pela analisanda no dia anterior ao visitar a mãe. Entendia, pois, o sonho como uma elaboração psíquica diretamente decorrente daqueles acontecimentos. Vê-se, por outro lado, que entendi que, em seu sonho, se evidenciava a emergência de uma identificação melancólica com a mãe.

A frustração atual sentida na visita da mãe, quando esta destrói o sentimento raro de intimidade e proximidade que Bia sentia por ela naquele momento, reativa antigas frustrações e correspondentes ódios, como aquele decorrente da descoberta das traições maternas, quando Bia era uma pré-adolescente, e os muito mais antigos, ligados às frustrações orais ainda mais precoces.

Bia revive intensamente o ódio pela mãe que a trai, que não lhe oferece com exclusividade o bolo/peito, que passa a ser então vivido como pílulas de veneno dadas por uma mãe "galinha", que trai não só a ela, mas ao pai e a toda a família.

Bia fica muito assustada, responsabilizando-se e culpando-se pelo estado deteriorado e louco da mãe, o qual acredita ser decorrente de seus ataques agressivos, uma evidência da eficácia e potência de seu ódio. Bia acredita ter estragado e destruído a mãe com sua vingança.

O ódio sentido pela mãe no dia anterior reativou todos os ódios mais antigos, tornando-os extremamente potentes e destrutivos. Daí a culpa e a necessidade de punição que se concretizam na identificação melancólica com a mãe.

Essa identificação melancólica se desdobra em vários estratos.

Em primeiro lugar, faz com que Bia assuma o comportamento paranoico da mãe. Assim como esta, Bia acha que os médicos, em vez de tratá-la e dela cuidarem, querem-na envenenar. Eu, que sou seu analista, em vez de cuidar de seu bem-estar, quero enlouquecê-la, confundindo-lhe a capacidade de ter contato com a realidade, trabalhando para os torturadores. Bia teme ser "envenenada" por mim.

Em segundo lugar, e muito importante, esse comportamento que acaba de ser descrito como uma identificação melancólica com a mãe louca, estragada e destruída, não impede que Bia recupere, na transferência, a mais primitiva relação oral agressiva com a mãe, pois, nesse momento, eu, seu analista, estou claramente na posição da mãe envenenadora.

Dizendo em outras palavras: no momento transferencial, a fantasia de Bia, a qual assume um colorido quase delirante, permite que ela ocupe simultaneamente o lugar da mãe envenenadora e o da criança envenenada.

Chama a atenção, no sonho, que Bia seja obrigada a martelar uma pessoa que tem uma cabeça de galinha. "Galinha", como sabemos, é a forma de designar vulgarmente mulheres fáceis. Ao martelar a cabeça de galinha, Bia mais uma vez faz menção ao comportamento sexual da mãe, pivô de episódios importantes de sua vida. O fato de Bia ter tido, anos atrás, um período de promiscuidade sexual, pode ser entendido como uma identificação com esta mãe "galinha".

O martelar a cabeça da galinha pode ser uma menção à análise, vista aqui como uma tortura sádica, o equivalente das pílulas envenenadas, quando o analista torturador "martela" interpretações destrutivas na cabeça de Bia. Outras possibilidades estariam presentes nessa condensação, pois Bia pode, na relação transferencial, colocar-se no lugar da mãe galinha e projetar em mim a atitude punitiva e agressiva que sentia contra ela. Ou ainda, ao sentir-se uma "galinha" e projetar no analista seu superego sádico, as interpretações passam a ser sentidas como ataques, "marteladas" na sua cabeça.

Essa seria uma leitura paranoide de um fato que *efetivamente* ocorre, na medida em que a análise, de fato, tende a demolir a identificação melancólica com a mãe, fonte de muitos dos padecimentos de Bia.

Ao relatar ter sido impedida pela mãe de tocar na cabeça da empregada e cortar seus cabelos, algo visto como perigoso, pois poderia trazer-lhe sérias consequências e muito azar, Bia talvez esteja revelando, por meio da paranoia da mãe, a fantasia terrorífica de que eu, seu analista, ao mexer em sua cabeça, estaria correndo um sério perigo, na medida em que estaria me aproximando de seus desejos assassinos em relação à mãe.

Poderíamos, como um exercício teórico, especular as origens do ódio, das pulsões agressivas que julgamos tão decisivas nesse material:
a) Seriam expressão do ataque destrutivo ao seio bom, fruto da inveja inata, da deflexão do instinto de morte, como diria o modelo kleiniano?
b) Seriam decorrentes de experiências precoces de frustração oral, em função de uma precária função materna, uma mãe que não teria sido suficientemente boa com seu bebê, não teria tido "rêverie" adequada para conter e elaborar suas angústias primitivas, como diriam os modelos kleinianos "softs" winnicottiano e bioniano?
c) Seriam resultantes da relação narcísica especular não castrada com a mãe fálica, decorrente de um pai impotente de exercer a lei, o nome do pai, ficando falha a função paterna, como no modelo lacaniano?

São modelos muito divergentes, pois num se postula a carência materna geradora de frustrações e agressões retaliadoras, e noutro sua excessiva presença. Num modelo a onipotência do "sujeito" (pulsões agressivas do bebê frente à mãe), noutro a onipotência do "objeto" (o avassalador desejo da mãe no qual a criança está mergulhada, sem ser dele resgatado pela lei).

O material mostra como o delírio é muitas vezes um pedaço distorcido da realidade, como disse Freud.

Sessão 3 (dois dias depois) – Bia apresenta-se calma e novamente estruturada. Diz que, quando tinha ficado mal, anos atrás, fora procurar seu terapeuta numa faculdade onde sabia que ele dava aulas. Ele ficou assustado ao vê-la ali e deu-lhe umas interpretações confusas, que diziam que ela estava descobrindo-se, umas coisas que ela não entendeu. Mudou de terapeuta, e o segundo também lhe dizia umas coisas que não faziam muito sentido. Era a primeira vez que ligavam seus medos, suas ideias de denunciar os torturadores, com algo que tinha a ver com sua vida real, vivida. Sentia-se perplexa.

Mostro-lhe que está dizendo indiretamente como gostou da sessão anterior, que talvez lhe seja difícil agradecer diretamente.

Sessão 3 – Bóris

Algumas considerações antes da sessão – É dia dois de janeiro, véspera de minhas férias, que se iniciam dentro de três dias. Sinto o peso das queixas da maioria dos analisandos que, correspondendo a descrições teórico-clínicas tantas vezes relatadas, sentem a interrupção do trabalho analítico como abandono e rejeição, reatualizando assim velhas chagas infantis, às quais respondem com ódio e planos de vingança.

Durante o correr do dia, tinha reconhecido essa situação várias vezes, o que me fazia pensar não ser ela apenas um chavão analítico. Por isso mesmo, preocupava-me em não dar-lhe automaticamente esta interpretação, a da "separação das férias".

Eram estes os pensamentos que me ocupavam enquanto esperava Bóris, o último analisando do dia.

Bóris está há anos em análise. Divorciado, de meia-idade, teve seriíssimas privações na infância. Durante a Segunda Guerra Mundial, sua família, fugindo do nazismo, passou grandes dificuldades na Europa Central. Ele mesmo fora levado, para sua própria segurança, para albergues infantis, passando longos períodos afastado dos pais, sem deles ter qualquer notícia. Boris lembrava que esses acontecimentos teriam ocorrido entre seus sete e dez anos.

A maneira errática com que durante muito tempo Bóris frequentou a análise, com faltas sistemáticas e maciças, apesar de pagar suas sessões religiosamente, gerou contratransferencialmente em mim muitos sentimentos.

Entre eles, e especialmente, a vivência de abandono, de estar largado, de nunca saber se e quando Bóris viria. Esses sentimentos me fizeram concluir que, com suas faltas, Bóris talvez me quisesse dizer algo do qual ele mesmo não tinha lembrança ou consciência e que não podia me comunicar a não ser daquela forma – repetindo um comportamento comigo na transferência. Isso me permitiu a formulação de uma construção que levantava a hipótese de ter sido ele levado para longe da família muito mais precocemente do que podia lembrar. Bóris, no dia seguinte a essa construção, vem à sessão muito surpreso. Tinha perguntado a sua mãe, e ela confirmara minha construção: tinha lhe dito que dos três aos seis anos ele estivera quase ininterruptamente em instituições longe da cidade onde os pais moravam. Bóris não só não se lembrava disso, como nunca tinha sido informado dessa situação.

Essas separações longas, em idade tão precoce, marcaram profundamente Bóris e sua mãe. Esta tem uma relação de exclusividade com ele, não aceitando nenhuma de suas namoradas ou esposas, exercendo importante papel no fracasso dos vários casamentos de Bóris. Talvez por isso não tenha resultado filho algum desses casamentos.

Em todas suas relações afetivas, Bóris ocupa preferencialmente o lugar daquele que abandona. Como já disse, projeta em mim sua experiência de abandono, deixando-me no papel de criança largada, sem saber dos pais. De certa forma, também com as namoradas e esposas age assim, deixando-as permanentemente inseguras quanto a seu amor e ameaçadas do abandono que termina por concretizar.   Antes de entender o motivo de suas faltas, muitas vezes me perguntei se deveria manter o horário de Bóris. Em duas ocasiões, propus-lhe interrompermos a análise, coisa com a qual ele não concordou, pedindo para continuarmos. Entre outras razões, incomodava-me o fato de receber seu dinheiro trabalhando relativamente pouco, o que dava a impressão de que era um dinheiro ganho de maneira demasiadamente fácil. Quando me dei conta disso, lembrei os vários percalços que Bóris, atualmente um prestigiado e bem-sucedido profissional liberal, tivera no passado, todos relacionados com o manejo do dinheiro e com a forma de ganhá-lo, o que me fez concluir que meus sentimentos tinham alguma ligação com aquela problemática de Bóris.

Por outro lado, sentia-me muito ligado a ele. Percebi claramente isso um dia em que um de meus filhos me perguntou "e o Bóris, foi hoje?". Somente então me dei conta que ele era o único analisando que minha família conhecia de nome, e que o tratava quase como a um conhecido de casa. Isso se devia ao fato de ser ele – com exceção de um dia, quando era o último – o primeiro analisando a ser atendido pela manhã, o que me obrigava a ir muito cedo para o consultório. Como era extremamente comum Bóris faltar, eu terminava por chegar em casa comentando o fato. Assim, constatei que eu tinha levado Bóris para dentro de minha casa, ele que justamente tinha ficado tanto tempo longe da sua. Quando descobri isso, achei importante marca da nossa relação.

Quanto à minha dúvida de mantê-lo ou não em análise, não só atendi a seu pedido explícito, como concluí que forçar sua presença seria atuar como a mãe exigente e ciumenta, que não lhe permite sair, casar, ficar longe. Por outro lado, interromper o tratamento seria contra-atuar às provocações de Boris, que, preso à compulsão à repetição, impelia-me a, concretamente, abandoná-lo, reatualizando, dessa forma, novamente o trauma em torno do qual muito de seus sofrimentos pareciam girar. Minha decisão parece ter sido correta, pois possibilitou a elaboração da construção que esclareceu a situação e fez com que, nos últimos tempos, Bóris tenha vindo numa regularidade até então inusitada.

A sessão – Na sessão do dia dois de janeiro, Bóris – como já disse – é o último analisando. Chega atrasado e fica em silêncio alguns minutos, até dizer que está vindo de uma reunião com sua secretária, durante a qual discutiam sobre o corte de pessoal que precisava ser feito no escritório, em função da crise econômica do país. A reunião fora muito desagradável, pois a secretária estava ansiosa demais, tanto por ter de pessoalmente despedir os funcionários, o que era muito complicado, como também por temer que o fazer cortes pudesse ser visto por Bóris, seu patrão, como evidência de falhas no gerenciamento do escritório, ou seja, prova de sua incompetência.

Bóris tinha a sensação de que a secretária estava preocupada em não ser considerada por ele uma má administradora, incapaz de ocupar o cargo. Era como se ela própria temesse fazer parte do corte de pessoal em pauta.

Ao ouvir isso, penso que o "despedir funcionários", o "corte de pessoal", uma despedida que deixava alguém "ansioso demais" eram significantes que deviam estar ligados ao "corte e separação das férias", uma separação sempre difícil, geradora de ansiedade. Mas resolvo não intervir e esperar mais. Como já me tinha proposto, não quero ser repetitivo e estereotipado em minhas interpretações ligadas às férias.

Após curto silêncio, Bóris diz ter visto na TV uma entrevista com um conhecido psiquiatra com quem teve algumas consultas anos atrás, antes de iniciar sua análise comigo.

– Você lembrava que eu tinha tido essas sessões com ele? – Bóris me pergunta.

Sessões com aquele psiquiatra? Teria Bóris já falado aquilo? Sim, parecia-me que sim, mas já há muito tempo. Lembro vagamente. Logo me vejo censurando-me por não lembrar muitas coisas de Bóris. Sinto-me cobrado, acusado e avaliado por ele, sentimentos que – logo vejo – são muito parecidos com aqueles que Bóris acabara de relatar em relação à secretária de seu escritório. Sua pergunta me fez ainda pensar que fazia muito tempo que Bóris estava em análise. Sinto um certo desconforto, uma culpa, como se fosse por insuficiência minha que ele ali ainda estivesse, sem apresentar uma evolução satisfatória, uma boa produção.

Perguntei então a Bóris quando tinham sido mesmo aquelas consultas com o psiquiatra que ele vira na televisão.

– Nem sei – diz ele. Mas deve fazer muito tempo, pois lembro que na ocasião disse para ele que pararia de trabalhar no dia em que tivesse uma poupança de cem mil dólares... – ele ri com ironia, dado o grande patrimônio que fez desde então. – Hoje sei que gasto muito mais do que essa quantia ao ano, só em minhas despesas pessoais.

Ao ouvir isso, vejo-me comparando meus gastos anuais com os de Bóris. Dou-me conta de que sua fala me faz sentir diminuído, assim como antes tinha me feito sentir culpado por não ter lembrado imediatamente determinados fatos, o que, por sua vez, me fizera pensar que não conseguia ajudá-lo a resolver seus problemas, nesse momento centrados na dificuldade em estabelecer uma relação amorosa estável e numa angustiante preocupação com o desejo de ser pai. Frente a esses sentimentos, tento tranquilizar-me, pensando que seu grande progresso material, que ele acaba de mencionar indiretamente, bem que poderia ser uma metáfora de seus progressos internos adquiridos por meio da análise.

Bóris diz ter ficado muito surpreso com a figura física daquele psiquiatra na TV. Ele tinha *esquecido* a aparência dele, não lembrava mais como ele era e quase não o tinha reconhecido. O psiquiatra pareceu-lhe fraco, sem firmeza. Julga que minha figura é forte e firme e fica surpreso e admirado em constatar a diferença entre minha figura e a do psiquiatra.

Registro que Bóris fez menção a *esquecimento* da figura do psiquiatra, "não lembrava dela". Fico imaginando que esse seu *esquecimento* deve ter uma ligação com a forte sensação de *esquecimento* que eu vinha sentindo até então, desencadeada pela pergunta de Bóris sobre se *eu* me lembrava de ter ele estado com aquele psiquiatra. Julgo ainda ver algo positivo no que Bóris falou, ao estabelecer uma comparação entre minha pessoa e a do psiquiatra. Poderia ser mais um indício de confiança em mim e na análise que Bóris estava trazendo, assim como também poderia ser simplesmente um toque sedutor a ser investigado.

Nesse momento, percebo que Bóris falara sobre a figura física do psiquiatra, mas não tinha mencionado o *que* tinha ele exposto na TV. Imagino que tal omissão poderia indicar alguma resistência. Isso me leva a pesquisar mais, perguntando-lhe o assunto da entrevista.

Bóris diz que o tema do psiquiatra na TV fora o feminismo, o poder das mulheres. Dizia o psiquiatra ter previsto, anos atrás, a revolução feminista. Tinha falado também sobre o egoísmo e a dependência, citando vários exemplos. Isso fez Bóris pensar imediatamente na mãe, em suas queixas de doenças que, de fato, a deixaram vivendo quase como uma inválida. Atualmente a situação está diferente, pois ela está muito idosa e efetivamente enferma. Tinha também pensado em seu próprio egoísmo.

Quando Bóris falou de si e da mãe, de seu próprio egoísmo, lembrei a sessão anterior, quando, pressionado pela mãe e pela namorada, que exigiam sua presença durante a passagem do ano, estava sem saber como passaria o réveillon. Pergunto então como resolvera a situação.

Bóris diz que permanecera até as 23 horas com a namorada e, depois, fora para casa ficar com a mãe.

Bóris fica em silêncio. Constato que, com exceção de uma ou de outra pergunta, eu mesmo pouco falei na sessão até então, apesar de julgar ter entendido várias situações. Minhas divagações são interrompidas pela voz de Bóris, que recomeça a falar:

– Vi um dia destes na TV, num dos programas do "Discovery Channel", que no Oriente os familiares guardam em casa os ossos de seus mortos em potes de barro... Fico surpreendido, pois o que Bóris diz parecia não ter conexão alguma com o que vinha falando até então.
– Como assim? – perguntei-lhe.
– É, eles levam os potes com os ossos dos parentes mortos para casa e guardam lá... – Bóris faz um longo silêncio antes de continuar. – *Engraçado, ontem não lembrei que era o aniversário da morte de meu pai.*

Nesse momento julgo vislumbrar melhor o conjunto da sessão. Vejo que, durante seu decorrer, por várias vezes me vi censurando-me por esquecimentos em relação aos dados da vida de Bóris. Esse sentimento me fora inoculado por ele, ao me perguntar – de supetão e meio desafiadoramente – se eu me lembrava de suas consultas anteriores com um outro psiquiatra. *Entendia agora que ele cobrava de mim uma lembrança e me fazia sentir culpado por esquecimentos que, na verdade, ele tinha feito, ou seja, esquecimento da data da morte de seu pai, com tudo que isso podia implicar.* Sigo curioso a maneira sinuosa como Bóris recupera, na sessão, tal lembrança. Isso me faz pensar que ele não mencionava o pai há muito tempo. Durante toda a análise, a figura do pai sempre estivera em segundo plano, ofuscada pela grande presença da mãe.

Pergunto a Bóris há quanto tempo o pai tinha morrido.

– Há 21 anos – responde. Faz uma pausa e continua. – Tempos depois, o corpo foi exumado. Minha mãe não quis ir ao cemitério; fui sozinho. Fiquei perto do coveiro e vi tudo. Isso aconteceu uns cinco anos depois da morte dele... O maxilar estava totalmente destruído, mas o crânio, os ossos longos, as grandes peças estavam

ali. O terno preto de tergal estava intacto, assim como a dentadura de acrílico. Aí tiramos tudo e tudo guardamos numa caixa...
– Tudo? O terno e a dentadura também? – perguntei por me ter chamado a atenção a insistência no *tudo* em sua última frase.
– Não, não tudo. Não sei o que fizeram com o terno e a dentadura. Teriam dado para alguém?... Quando vi aquele programa na TV, surpreendeu-me demais a naturalidade com que as pessoas pegavam aqueles ossos, colocavam nos potes e levavam para casa. Lá deve ser comum, algo da cultura deles.

Bóris estava emocionado e me senti envolvido por aquela onda de afeto que o inundava. Lembrei-me de minhas apreensões relativas à possibilidade de morte de uma pessoa de minha família que estava muito doente.

Tentava agora juntar tudo o que Bóris tinha falado durante a sessão. Estava pensando nos 21 anos da morte do pai dele, data esquecida e relembrada ali, exumada naquele momento. Uma data que estava ligada com a maioridade, que marca a independência dos filhos em relação aos pais, o ingresso legal na vida adulta. A própria lembrança do pai, que há muito não era trazida por Bóris, fora exumada ali. Contrapondo a imagem de destruição do corpo, implícita na menção aos ossos, ali estavam também aquele terno preto de tergal intacto, incólume, não marcado pela corrupção, pelo tempo, e a íntegra dentadura de acrílico.

Ouvindo tudo isso, fiquei pensando que Bóris me falava que a imagem do pai em sua memória persistia intacta, que ela resistia incólume à morte, à degradação do corpo, à passagem do tempo. Talvez Bóris estivesse falando de suas identificações mais íntimas e constitutivas com o pai. Mas também era significativa a data dos 21 anos, mencionada em suas associações, que apontava para a emancipação da maioridade. Era como se, ao mesmo tempo, Bóris falasse de sua identificação e ligação intensa com o pai, mantida meio secreta para não ofender a possessiva mãe, e, simultaneamente, falasse da necessidade de se emancipar, sair da posição de filho e poder então ser ele também um pai, tema recorrente nas últimas sessões.

Vi-me compelido a dizer alguma coisa disso tudo para Bóris.

– Você diz não tratar com a naturalidade desejada, tal como os orientais do programa da TV, com os restos mortais dos entes queridos. No seu caso, com as lembranças de seu pai morto. Talvez por isso tenha esquecido a data de sua morte e só aqui, durante a sessão, a recuperou. Você me diz que tem uma imagem intacta de seu pai, como se a mantivesse dentro de si, sentisse isso como algo valioso que quer reter e teme perder. Ao mesmo tempo, fala dos 21 da morte de seu pai, uma data significativa, de separação, emancipação e independência. – Bóris me interrompe para dizer que não entende como foi esquecer a data, pois isso nunca tinha acontecido antes. – Talvez seu esquecimento seja indício de sua dificuldade em conciliar seu amor filial, seu desejo de manter-se muito ligado a seu pai e o desejo de discriminar-se dele, de emancipar-se, ser *você* um pai. Sente como se fossem desejos incompatíveis. Fica confuso com os sentimentos que esta situação desperta, fica difícil discriminá-los. Também aqui na análise, tem sentimentos contraditórios. Estamos nas vésperas das férias, em via de nos separarmos. Talvez tema nossa separação por vivê-la como uma morte. Gostaria de me reter consigo, gostaria que eu ficasse, mas também gostaria de ficar livre de mim, de se emancipar de mim.

A sessão avançou por mais alguns minutos, mas Boris manteve-se silente até seu final.

Comentários

A sessão começa com Boris mencionando o corte de pessoal de seu escritório e a dificuldade envolvida nisso, o que é entendido como uma queixa sua em relação às férias. Contratransferencialmente, passei a me culpar, acusando-me de esquecimentos em relação a dados já trazidos por Bóris, a partir do momento em que ele pergunta se eu me lembrava de ter ele me dito de suas anteriores consultas com o psiquiatra que vira na TV. Tal pergunta, que devia estar ligada a nossa separação de férias, expressava a angústia de Bóris em ser esquecido por mim. Eu me lembraria dele e de suas coisas? Essa angústia ligada ao esquecimento estará presente durante boa parte da sessão.

Após lembrar-se daquele psiquiatra, Bóris compara-o comigo, deixando-me numa posição vantajosa. Mostra como cresceu e se desenvolveu profissionalmente, o que poderia evidenciar, por meio deste deslocamento, seu próprio crescimento na análise. Julgo ver aí indícios de uma transferência positiva, que não coaduna bem com o que sentia contratransferencialmente – vaga suspeita de sedução e culpa por *esquecer* lembranças de Bóris.

Fico presa temporariamente da projeção que Bóris faz sobre mim de sua própria repressão e esquecimento, o que consigo romper ao ouvi-lo mencionar a mãe. Nesse momento, recupero minha memória da sessão anterior, que Bóris não tinha mencionado até aquele momento.

A partir daí há um novo desdobramento. Bóris consegue lembrar-se do pai morto. Fica claro então que a primeira menção à TV, onde tinha ele visto seu antigo terapeuta, era uma *lembrança encobridora*, ocultando a lembrança de um outro programa de TV, o dos potes de barro com ossos dos mortos queridos, que, por sua vez, levava diretamente às lembranças do pai morto, ao dia de sua morte e sua posterior exumação.

A lembrança do segundo programa de TV ressignifica *aprés-coup* o primeiro, em que o ex-terapeuta pode ser entendido como uma figura paterna, à qual vincula o pai morto lembrado em seguida. A menção transferencial positiva frente a mim, de *figura forte e firme,* coloca-me nessa série de *pais,* agora vivo e firme e forte, mas também em vias de ser perdido em função de nossa separação, talvez fantasiada por Bóris como uma morte.

O material permite vislumbrar aspectos da ligação de Bóris com o pai, que se organizaria nas seguintes linhas:

a) O terror de um pai destruído, morto, reduzido a uma ossada, vítima de seu ódio edipiano.

b) Ao pai destruído pelo ódio edipiano junta-se um pai de *figura fraca e pouco firme,* visto em seu ex-terapeuta, que anuncia o poder do feminismo, o poder das mulheres, o poder da mãe, em última instância. Aparece aí o ressentimento e o ódio ao pai fraco, que não soube ou pôde romper sua relação dual narcísica com a mãe, deixando-o entregue a seu (dela) poder.

c) Há um desejo, uma necessidade de recuperar uma boa imagem paterna, não atacada e destruída, que possa guardar amorosamente, com a mesma naturalidade com que os orientais guardam os restos mortais de seus entes queridos. Sobre tal imagem se ergueria sua identidade masculina, necessária para que Bóris possa ocupar ele mesmo a função paterna e ser ele mesmo um pai.

Bóris precisa emancipar-se, ter maioridade, ser adulto, homem e pai. Para tanto, necessita se apoiar numa imago paterna *forte e firme* enquanto núcleo de identificação. Para tanto, precisa desembaraçar-se das fantasias de triunfo edípico, as quais geram angústias persecutórias e melancólicas, que lhe impedem o exercício desinibido das funções advindas dessa identificação.

Esta complexa problemática se atualiza imediatamente na situação transferencial, quando Bóris me coloca na posição *firme e forte*, que o ajuda a crescer e ser potente, rico, dono de invejável patrimônio. Por outro lado, também aqui o conflito se atualiza, na medida em que, estando nas vésperas das férias, Bóris mostra sua ambivalência em relação a mim: revela o desejo de me reter, de me "levar para casa", bem como o desejo de se ver livre de mim, emancipar-se definitivamente.

Em outras palavras, Bóris se defronta com a tarefa de discriminar vida e morte, recuperar a imagem amorosa e viva do pai não destruído por seus embates edipianos. Somente então poderá efetivamente emancipar-se e ocupar um lugar que muito deseja, o de pai, e que até agora lhe tem estado barrado.

Digno de nota também era meu estado emocional frente às férias, com perspectivas de morte em minha família.

Sessão 4 – Joana

Joana entra e a primeira coisa que faz é perguntar, num tom que expressa alarme e apreensão, onde está o tapete do consultório. Eu o tinha retirado de seu lugar habitual para ser lavado.

Imediatamente lembro que, nas últimas sessões anteriores, Joana tinha falado longamente a respeito de um tapete antigo e muito valioso que os pais tinham trazido do Oriente quando imigraram para o Brasil muitos anos atrás, o qual, quando morreram, na partilha dos bens, havia ficado com um de seus muitos irmãos. Acontece que tal irmão parecia não reconhecer os valores afetivo e financeiro do tapete, além do que, dado sua condição financeira muito precária na ocasião, não tinha condições de cuidar dele, pois precisava ser restaurado. Como Joana gostava muito desse tapete e queria tê-lo em sua residência como lembrança da infância, dos pais e de sua cidade natal, seu marido fez uma boa oferta em dinheiro para o irmão, que o vendeu.

O tapete, no estado em que se encontrava antes da restauração, não devia valer muito. Com a restauração, recuperou seu alto preço, de forma que a quantia despendida pelo marido na compra representava não mais que um décimo do atual valor.

Joana se recriminava como se tivesse enganado o irmão. Sentia-se muito culpada, pois justamente ela, Joana, era a mais rica entre os irmãos.

As autoacusações que Joana se fazia – ao insistir que enganara o irmão, roubando-o – chamaram-me a atenção, pois me pareciam exageradas e descabidas. Aparentemente, ambas as partes tinham se beneficiado com o negócio. Para o irmão, que não se interessava particularmente pelo tapete e necessitava de dinheiro, a venda, no estado em que se encontrava, fora muito conveniente, como ele mesmo dizia. Assim, o sentimento de culpa de Joana, decorrente da fantasia de ter roubado o irmão, deveria ter outras fontes que não a que ela apresentava.

Além do mais, a insistência com que Joana falava do tapete me parecia uma forma de evitar pensar sobre a difícil situação que vivia naquele momento. Descobrira que estava com uma doença muito grave e que – talvez – tivesse de se submeter a uma extensa intervenção cirúrgica, fatos que, naturalmente, lhe despertaram muita angústia e medo de morrer.

Mostrei-lhe então que ela dizia como se sentia culpada por acreditar ter enganado um dos irmãos, sendo ela tão rica e os irmãos vivendo em grandes dificuldades. Ela teria aproveitado e comprado o tapete de forma vantajosa. Eu achava que, apesar de essas ideias lhe serem muito desagradáveis, eram-lhe ainda preferíveis a sentir-se ela, Joana, na posição oposta, de pobre e invejosa – não do dinheiro dos irmãos, coisa que, de fato, não tinham, mas sim da saúde deles. Eu pensava que aquelas ideias decorriam da descoberta que tinha acabado de fazer a respeito de sua doença e eventual cirurgia. Era preferível, enfim, sentir-se a irmã rica culpada frente aos irmãos pobres a admitir a própria inveja e cobiça frente à saúde dos irmãos.

Após relembrar todos estes fatos da sessão anterior, que me vieram à cabeça com a pergunta de Joana sobre o *meu* tapete, digo para ela que na sessão anterior tínhamos falado bastante de um tapete. Talvez por isso mencionasse a falta do adorno no consultório. Mas, ao mesmo tempo, comigo mesmo, dava-me conta da "coincidência" de ter mandado lavar o tapete justamente naquele dia, coisa que não tinha atinado até então.

Joana queixa-se então de que, na sessão anterior, *eu* a teria acusado de roubar o irmão na transação com o tapete. Esclareço a interpretação dada, apontando a insistência da fantasia de ter roubado o irmão, coisa que *ela* mesma tinha trazido na sessão anterior, e que eu havia interpretado como decorrente de sua grave doença: talvez ela quisesse se ver como a irmã rica invejada pelos irmãos para não ver a própria inveja da saúde deles, ou, mais ainda, para não se dar conta das *de suas próprias fantasias de roubo frente à saúde deles.*

Ao lembrar a sessão anterior, recupero que Joana, de fato, após comunicar-me o diagnóstico médico e a eventual cirurgia, alguns dias antes, não mais mencionara o assunto, que fora totalmente encoberto pelas fantasias de ter roubado o irmão na transação com o tapete. Digo-lhe isso, acrescentando que ela está muito assustada com essas notícias e não consegue abordá-las diretamente, sendo essa a razão da insistência do problema com o tapete.

Joana, então, diz que está com muito medo e que acha que vai morrer mesmo logo. Acredita ter no máximo dois anos de vida. Não pensa em fazer a cirurgia que os médicos preconizam.

Pergunto-lhe se os médicos tinham-lhe dado algum prazo de vida ou exigência quanto à cirurgia.

Joana diz que não. Ela mesma pensou essas coisas. Concluiu que não valia a pena fazer a cirurgia; ia deixar as coisas seguirem sua evolução natural, sem intervenções.

Digo-lhe que agora aparecia uma outra razão para ter ela se ocupado tanto com o antigo tapete da família, que, segundo dizia, era objeto de descuido por parte do irmão. Ela estava mostrando-me dois movimentos, duas tendências opostas internas. Uma revelava o desejo de fazer a restauração do precioso tapete da vida; outra dizia o contrário, que não dava valor à vida, queria deixar-se morrer. Evitava se dar conta disso, atribuindo ao irmão o descuido e o não querer (poder) restaurar o tapete valioso. Agiria assim para ter a compaixão do analista e também como punição pelos roubos e pelas cobiças, invejas e competições em relação aos irmãos homens, os preferidos da mãe, como tínhamos visto várias vezes em épocas anteriores.

Digo-lhe ainda que ficou muito assustada ao entrar e não ver o meu tapete por temer que eu – como ela – não aguente a angústia e o medo frente à morte os quais se desencadearam com a ida ao médico.

Joana se cala até o final da sessão.

Comentários

O que mais me chamou atenção nesse material foi justamente *minha* reação contratransferencial, que se concretiza diretamente num pequeno *acting in* – o remover *meu* tapete para lavagem, nos dias em que Joana tanto falara do tapete que tinha sido do irmão. Embora a lavagem estivesse um pouco na dependência de terceiros, tal *coincidência* era muito significativa. Eu estava identificado com Joana, repetia sua conduta de projetar e negar, tentando afastar a terrível angústia de morte desencadeada pelo diagnóstico de uma doença grave. Assim como ela substitui por autoacusações de roubo sua angústia e seu medo da doença e da morte, eu faço algo semelhante, afastando de mim o tapete *sujo*, desde que nele estão concentradas a morte e a doença, que a mim, como a qualquer ser humano, também muito me assustam.

O susto de Joana ao chegar ao consultório e não ver o tapete talvez represente sua angústia ao captar a minha própria angústia frente a sua doença, pois, se por um lado, ela a nega, sabe que precisa enfrentá-la e conta comigo para tanto. Se eu, como seu analista, não tolero a angústia, não consigo contê-la e elaborá-la, cria-se uma situação insuportavelmente assustadora para ela.

Eu já tinha abordado seu medo da morte nas sessões anteriores, ao interpretar suas fantasias de roubo e inveja da saúde dos irmãos. Mas sentia-me incomodado e inseguro, na dúvida se devia insistir nesse ponto, desde que ela parecia não tolerá-lo, negando-o tão intensamente. Foi após essa sessão que me senti com mais coragem para falar com Joana sobre sua doença e a grande ameaça que ela trazia.

Sessão 5 – Paula

Numa sessão logo após a volta das férias, Paula diz que há muito tempo sonha com navios. Teve agora mais um desses sonhos. Não consegue lembrar muita coisa, a não ser que o navio apitava. Ela diz gostar muito do apito de navio. Sempre que o escuta fica comovida, acha-o triste, lindo, misterioso.

Pergunto-lhe o que associa a navios.

Ela se lembra de várias viagens de navio. A primeira delas, aos quatorze anos, ela ganhou logo depois de uma tentativa de suicídio. Fora para Miami, com um grupo de adolescentes. Lembra-se pouco da viagem, mas recorda que no decorrer dela, pela primeira vez, sentiu umas coisas estranhas, que voltaram a acontecer algumas vezes depois e que foram atribuídas a um *sonambulismo*: ficava sonolenta, dormia ou fazia uma série de coisas como se estivesse acordada, mas das quais não se lembrava quando posteriormente os circunstantes lhas contavam.

Paula continua falando e recorda episódios em que sua mãe, uma mulher com graves dificuldades emocionais, ficava insone, passando a noite vendo televisão. A mãe não lhe dava muita atenção, mas uma vez, num dia de muito frio e estando Paula já deitada para dormir, a mãe levou-lhe uma xícara de chá quentinho. É uma rara lembrança amorosa que tem dela.

Até então em silêncio, pergunto-lhe a respeito de sua tentativa de suicídio, mencionada agora incidentalmente por Paula, ao falar de sua primeira viagem de navio. Apesar de me ter relatado rapidamente esse episódio nas entrevistas iniciais, desde então não voltara a tocar no assunto e nem havia surgido oportunidade para que eu o retomasse, coisa que fazia agora.

Paula diz que tinha ódio e nojo de todos, especialmente de uma tia de outro estado que estava hospedada naquela ocasião em sua casa.

Como havia dito que se lembrava de *várias* viagens de navio, e só mencionara aquela para Miami, pergunto-lhe que outras viagens teria em mente.

Ela diz que uma vez, muito antes de sua própria viagem para Miami, a mãe, a avó e uma tia viajaram para a Patagônia de navio, e ela ficara sozinha com o pai e o irmão mais velho. Tinham ido levá-las até o porto na partida e foram buscá-las quando voltaram.

Perguntei-lhe por que não tinha ido junto com as mulheres de sua casa, ficando com o pai e o irmão, e o que sentira por ter ficado.

Paula diz nada se lembrar desse período em que permanecera sozinha com o pai e o irmão. Também não sabe por que não foi junto com as outras mulheres da casa. Lembra sim que, em Santos, quando foram recebê-las de volta, viram os atores do filme *O pagador de promessa*, que haviam ganhado o prêmio maior em Cannes e voltavam da Europa noutro navio.

Paula nesse momento para e ri, dizendo achar engraçado uma *coincidência*: ao falar agora o nome do filme, *O pagador de promessas*, lembrou-se de algo há muito esquecido: quando tentara o suicídio aos quatorze anos, ingerindo todas as pílulas que pôde achar em casa, ela se viu tomada por um pensamento que não compreendia. Era como se tivesse a obrigação de fazer algumas coisas antes de tentar o suicídio. Algo assim: "tenho de pagar uma promessa e ver o filme de Rock Hudson, *Pillow talk*, sete vezes antes de me matar".

Essa sinuosa linha associativa me possibilitou fazer uma construção que recuperaria para Paula a compreensão de seus sonhos repetidos com navio e a retomada de sentimentos de abandono muito intensos, que talvez explicassem sua antiga tentativa de suicídio.

A construção se apoia na rica associação entre a) sonhos recorrentes com navio / b) o belo, triste e misterioso apito de navio / c) sua viagem de navio logo depois da tentativa de suicídio / d) a viagem das mulheres da família, da qual fora excluída / e) o retorno dessa viagem, quando vira os atores do filme *O pagador de promessa* / f) a lembrança de ter de obedecer a uma ordem específica antes da tentativa de suicídio, o ter de *pagar uma promessa*.

A possível construção mostraria a ligação entre esses elementos tão díspares, evidenciando uma sequência de pensamentos nunca efetivamente tornada presente na consciência de Paula. O sentimento básico de ser deixada sozinha quando todas as mulheres da casa se foram seria evocado pelo repetitivo sonho com o navio, a tristeza e o misterioso som de seu apito, representante da separação e do enigma de ter sido deixada, de não ter sido levada junto com a mãe. O significante *pagador de promessa* é muito ilustrativo na medida em que evocaria a possibilidade de uma *promessa* quebrada: ter-lhe-ia sido *prometida* a viagem da qual terminou por ficar excluída? Na muito posterior ocasião da tentativa de suicídio, em que ela se coloca obsessivamente presa de uma ordem, o que importa é que, com isso, ela se põe *no lugar de um pagador de promessa* (ela só poderia suicidar-se depois de pagar a promessa de ver sete vezes o filme estrelado por Rock Hudson, *Pillow Talk*). Sendo ela a *pagadora de promessa*, evitaria estar no papel daquela para quem são feitas promessas não cumpridas. Por outro lado, estaria dentro de um navio, como que voltando de uma viagem, tal como ocorria com a mãe, a avó, a tia e o elenco de *O pagador de promessas*. É também significativo que haja a presença de um filme – *Pillow talk* – nas ruminações que antecedem a tentativa de suicídio, um deslocamento da evocação de um outro filme, justamente *O pagador de promessas*.

Tudo isso indicaria como o não ter ido na viagem de navio com a mãe seria o possível desencadeador, em Paula, de uma profunda vivência de abandono e subsequente ódio contra a mãe, sentimento muito difícil de ser contido, o qual desembocaria posteriormente, aos quatorze anos, junto com outros determinantes, em sua tentativa de suicídio. Essa mesma experiência estaria na gênese de seus episódios sonambúlicos durante a *sua* viagem de navio.

Dizendo de outra maneira, ou lendo no sentido inverso agora: é curioso como a tentativa de suicídio de Paula, anos depois, teria este significado (sem excluir possíveis outros): uma resposta tardia àquela viagem da mãe e ao ódio assassino contra ela, desencadeado pela separação, que é internalizado e descarregado de forma autodestrutiva. A tentativa de suicídio parece suscitada imediatamente por dois significantes – o *pagador de promessa* e o ódio à *tia* de outro estado, *viajante* que se hospedara em sua casa, tal como a *tia* que viajara com a mãe. Sua *viagem de navio* para Miami é situada logo após essa tentativa de suicídio. É provável que essa *viagem* tivesse sido preparada e planejada por sua família com alguma antecedência. Assim, *viagem de navio*, *tia viajante*, *pagador de promessa* são elementos determinantes na sua tentativa de suicídio. *Pagador de promessa* tem ainda a menção a promessas eventualmente não cumpridas (não ter sido levada junto na viagem) e ao desejo de estar dentro do mesmo barco com a mãe.

O fato de este material emergir numa das sessões de reinício da análise, logo após as férias, não é casual. Nossa separação teria reatualizado em Paula antigos sentimentos ligados a separações e viagens.

Comentários

Esse material, muito embora sucinto e sem que elementos mais extensos da história da analisanda sejam relatados, parece-me interessante por mostrar uma possível explicação de sua antiga tentativa de suicídio, o que se evidencia nas cadeias associativas em que determinados significantes adquirem especial relevo.

Paula dá a pista para essa abordagem, ao lembrar uma *coincidência* – falava do sonho com navios, viagens, viagem da mãe, o encontro com os atores de *O pagador de promessas,* quando associa com o imperativo – possivelmente uma ideia obsessiva – que se impunha em sua cabeça em momentos que precederam sua tentativa de suicídio: *o de ter de pagar uma promessa.*

Claro que não se deve a uma *coincidência*, e sim a um arrefecimento da censura e da repressão, que, por vias tão indiretas quanto persistentes, insistem em revelar o sentido no discurso. Os significantes se remetem uns aos outros de forma muito clara.

Qual o efeito dessa construção para Paula? No momento em que lhe foi dada, ela disse simplesmente que não sabia o que dizer, pois muito daquilo não era lembrado, mas que *fazia sentido*. Ela está certa, construímos aquilo que nunca lhe fora consciente. E *fazer sentido* é nossa tarefa, o mostrar que ele existe, mesmo quando não percebido à primeira vista. Por outro lado, essa construção abriu espaço para que a relação tumultuada e dolorosa com a mãe pudesse ser falada nas sessões.

Sessão 6 – Mariana

Mariana chega à sessão um pouco atrasada e diz ter perdido a hora de despertar, mas, como pegara um caminho novo, conseguiu não se atrasar tanto. Infelizmente ficara atrás de um caminhão por um longo trecho, senão até teria chegado na hora.
Pergunta se responderei a uma questão direta que me quer fazer. Quer um *sim* ou um *não*. Precisa saber algo. Teve uma *intuição* que necessita esclarecer. Só dirá qual foi ela se eu me comprometer a dar a resposta. Ou então, como teme que eu não lhe responda, propõe um trato: se a resposta for afirmativa, devo ficar calado; se eu perguntar qualquer coisa do tipo "o que você acha?", significa que a resposta é *não*. Ri e diz que acha que não vou responder.
Sinto-me numa posição desconfortável; penso que Mariana me arma uma pequena armadilha que tende a me paralisar. Mesmo assim, consigo pensar que ela tenta provocar curiosidade em mim sobre sua suposta *intuição*. Seria essa uma forma de ela lidar com a própria curiosidade a meu respeito, projetando-a? Estaria ela curiosa por algum motivo específico? Proponho-lhe essa questão e, dessa forma, tento sair do estado em que me encontrava, enredado e imobilizado pela artimanha da proposta de Mariana.
Mariana diz que agora vou ficar realmente curioso, pois não dirá o que pensou. Após curto silêncio, muda de ideia e me comunica que vai, sim, dizer-me o que eu gostaria de saber, pois quer confirmar sua *intuição*: tinha *intuído* que sou do signo de escorpião.
Fico um tanto decepcionado com a trivialidade do que me diz, mas nada falo. Mariana então explica melhor – diz que a ideia de que meu signo é escorpião lhe ocorrera de forma tão intensa e clara que a considerara como uma *intuição*, daí querer uma resposta objetiva minha.

Pergunto como lhe surgira tal ideia.

Mariana não sabe e diz:

– Minha cunhada Ludmila é de escorpião, mas ela não tem nada a ver com você. Vocês são muito diferentes um do outro. Ainda assim, acho que você é mesmo de escorpião. Não conheço bem esse signo, pois não é de ninguém de minha família.

– Sua cunhada então continua não sendo de sua família, continua excluída, de fora... – comento, referindo-me à grande dificuldade que tivera anteriormente de aceitar o casamento do irmão e, consequentemente, de receber a cunhada como um novo membro da família.

– Ah, não tem nada a ver... Quando chegar em casa vou ler a respeito do signo de escorpião. É um signo ruim. *O escorpião tem uma pinça que usa para inocular o veneno.*

Ao ouvir isso, levantei, para mim mesmo, uma hipótese sobre o porquê de Mariana me atribuir tal signo, ou, mais diretamente, sem disfarces, do porquê de me chamar de *escorpião. Pensei que a pinça para inocular veneno* poderia ser uma metáfora pejorativa da função analítica: minhas interpretações poderiam estar sendo vivenciadas de forma paranoide, como *inoculações venenosas*; minha capacidade analítica vista como uma *pinça de escorpião*. Procurei pensar o que a levaria a me ver assim. Teria ela sentido minhas últimas interpretações dessa forma?

Lembro então que, na sessão anterior, Mariana me tinha contado da festa-surpresa que preparara para a cunhada e o irmão, quando voltavam de uma viagem ao exterior. Durante a festa, sem motivos aparentes, sentira-se angustiada, como se estivesse fazendo algo errado, como se estivesse a se intrometer na vida privada do irmão. Esse remoer de recriminações lhe impediu de aproveitar a festa e a presença dos amigos. Ainda na sessão anterior, Mariana me relatara uma grande briga com Júlio, o marido, em função de seus projetos de *redecorar* a casa, coisa com a qual ele não concordava. No término da discussão, Mariana decide que, tendo em vista que o marido não aprova a reforma e consequentemente se recusa a pagá-la, ela usaria suas próprias economias para realizá-la. Quando Júlio sentiu sua determinação em dar seguimento ao projeto, disse que pagaria os gastos da reforma, o que deixara Mariana eufórica, sentindo-se vitoriosa na discussão, pensando ter dobrado e intimidado Júlio. Pensa que ele só concordara por temer que ela contasse aos amigos que ele se recusara a pagar os custos e que ela, Mariana, tivera de assumi-los. Isso o deixaria no papel de mesquinho e avarento frente aos amigos, coisa que o fizera mudar de ideia.

Interpretei então, ainda naquela sessão anterior, que seus sentimentos de culpa em relação à festa-surpresa para seu irmão e sua cunhada, o sentir estar fazendo algo inadequado e indevido era, na verdade, um deslocamento de seu sentimento de culpa em relação a Júlio, a quem sentia ter dobrado, humilhado, constrangido a fazer o que ela queria.

Evoquei rapidamente essas lembranças da sessão anterior, tentando entender o que significaria sua preocupação com meu suposto signo de *escorpião*, sua menção ao pérfido *escorpião, que usa a pinça para inocular veneno.* Vimos como ela descrevera seus sentimentos na festa-surpresa que fizera: incompreensíveis e imotivados sentimentos de culpa e autorrecriminações, na medida em que a festa era um gesto amoroso para com eles. E era assim que Mariana queria que eu visse, queria que eu avaliasse que não tinha motivo algum para se sentir culpada, pois estava sendo gentil e bondosa com o irmão e a cunhada. Quando, entretanto, mostro que seus sentimentos de culpa se ligam à sua briga com o marido, com sua sensação de triunfo por tê-lo humilhado e constrangido a realizar seus (dela) desejos, desfaço o deslocamento defensivo no qual ela se refugiara, fazendo-a entrar em contato com seu lado agressivo e triunfante, com as fantasias de ter humilhado e submetido o marido. Ainda assim, é-lhe muito difícil aceitar e reconhecer esse lado agressivo e imediatamente o projeta sobre mim – minhas interpretações não são benignas, boas, não lhe trazem a possibilidade de entender melhor seus próprios sentimentos e reações internas. Minhas interpretações são *veneno inoculado pela pinça de um escorpião*. Não é ela quem, nesse momento, mostra aspectos agressivos; não é ela o escorpião que *inocula veneno destruindo sua presa (o marido)*, e sim eu, seu analista. Sou eu o escorpião.

É quando resolvo falar-lhe:
– Mariana, será que atrás deste tom brincalhão quando você me fala a respeito de meu suposto signo, você não estaria me dizendo que me sentiu como um *escorpião* na sessão passada, *que eu lhe teria inoculado veneno* ao mostrar que você se sentia culpada em relação a seu marido, a quem teria obrigado a submeter-se a seus desejos?
– Não tem nada a ver. Eu simplesmente queria saber seu signo.
– Após um longo silêncio, que me pareceu amuado, Mariana continuou, como que mudando de assunto: – Vi um livro com fotos do consultório de Freud. Lembra um pouco o seu. Só que o de Freud tinha inúmeras estatuetas, antiguidades que ele foi colecionando no correr do tempo... Quando você foi *decorar* seu consultório, você se inspirou no consultório de Freud? Quando você fez a *decoração* deste consultório? E estes objetos que você tem aqui, você os ganhou ou comprou?
– Veja você, Mariana, que curioso. Você aparentemente muda de assunto, após me responder que o que eu lhe falara a respeito do *escorpião* nada tinha a ver com a sessão anterior. Mesmo quando julga mudar de assunto, você continua nele, pois, ao

mencionar o consultório de Freud e o meu, está falando das *decorações*, justamente o motivo da briga com Júlio e seus sentimentos de triunfo em relação a ele. De alguma forma, retorna a questão que eu estava interpretando: o ver-se como um *escorpião maldoso envenenando o marido*, o que a enche de culpa e a faz ver a mim como *um maldoso escorpião que injeta a maldade em você*, ao mostrar-lhe isso.

– De fato, não tinha notado que continuava falando de *decorações* – diz Mariana. – Mas não é de espantar, pois estou propensa a falar de *decoração*. Não sei o que quero mesmo fazer.

– Como assim?

– Não sei ainda as consequências...

– Consequências?

– O problema é que agora que Júlio concordou com a decoração e posso começar a reforma, passei a recordar quando fiz a *decoração* anterior na minha casa, há mais de dez anos. Eu nem me lembrava mais disso, mas está voltando tudo agora, não sei por quê. Quando mudamos para aquela casa, foi um período terrível. Júlio proibiu que meu pai, que até então morava conosco, se mudasse junto para a nova casa, apesar de ser ela enorme, muito maior da que vivíamos até então. Meu pai teve de ir morar com meu irmão, que estava muito mal de dinheiro. Me sentia péssima, como que abandonando meu pai, e tinha ódio de Júlio. Mas não consegui mudar a opinião dele. Também naquela ocasião, tivemos, Júlio e eu, uma crise enorme, pois eu descobri que ele tinha uma amante. Foi nestas circunstâncias que comecei a *decoração* da casa. Acho que ele só concordou com ela por estar culpado, tanto por não permitir que meu pai continuasse a morar conosco, como pelo caso da amante. Ele não se importou com os gastos, mas desde então não perde oportunidade para dizer que tudo ficou horrível e muito caro. Naquele tempo, minha vontade era a de me separar de Júlio. Logo depois meu pai morreu, e eu nunca me perdoei por não tê-lo levado para a casa nova conosco.

– Você está me dizendo como a atual reforma/*decoração* a tem mobilizado na medida em que traz à tona essas lembranças. Talvez sejam estes os *venenos* que a análise estaria inoculando em você, o de se dar conta de todos esses sentimentos que considera insuportáveis, condenáveis. Por esse motivo desejava chegar tarde à sessão.

– Tudo isso só porque perguntei o seu signo? Só porque falei *escorpião*? Não tem nada a ver. Eu só perguntei porque ontem vi este vaso com flores em cima de sua mesa e eu imaginei que era seu aniversário, que alguma cliente lhe tinha dado de presente. Como estamos no signo de *escorpião*, imaginei que era seu signo. Foi só isso...

Nesse momento, pensei que Mariana, para evitar que prosseguíssemos nessa trilha que lhe era tão penosa, tentava invalidá-la com uma manobra sedutora: dizia-me agora que suas fantasias a respeito de meu signo decorriam de ciúmes de uma outra cliente que me teria presenteado por meu suposto aniversário com um vaso de plantas. Lembrei que o escorpião *que usa uma pinça para inocular veneno* poderia aludir a fantasias sexuais de ser penetrada. Mas considerei que o material se afastava desse conteúdo. Retomei a trilha que seguia até então e disse:

– É duro aguentar isso que a envenena, esses sentimentos de raiva de Júlio. Mas talvez a raiva que sente por ele encubra todo um problema com seu pai, de quem tem muitas saudades, mas com quem – já vimos aqui – você teve muitos problemas. Talvez seja mais fácil atribuir a Júlio o não ter querido ficar com seu pai, do que ver que *você também desejava o mesmo*. É duro lembrar-se de todos seus sentimentos contraditórios em relação a seu pai. Sente-se culpada e má por tais sentimentos, dos quais quer se afastar. Talvez por isso gostaria simplesmente de ficar brincando aqui hoje comigo. Se não a acompanho nesse movimento de afastamento, sente que eu a acuso de ser má como o escorpião ou eu mesmo me transformo num escorpião, inoculando a maldade e o veneno em você. O engraçado é que a própria brincadeira trai você, pois, ao ter *intuído* que meu signo é *escorpião*, tornou possível resgatar toda esta situação.

Comentários

O material desta sessão pareceu-me interessante por permitir ver com alguma clareza as circunvoluções que, como sempre, as cadeias associativas do discurso do analisando são forçadas a fazer, até expressarem o que parece ser o mais conflitivo e reprimido – neste caso, o luto em relação à morte do pai.

A insistência do significante *decoração* foi a chave que permitiu o acesso à compreensão. Mariana se culpava de ter dado uma festa para o irmão, uma culpa deslocada de uma briga com o marido, ligada a disputas fálicas com ele em torno de uma *decoração* da casa. Da *decoração* da casa, passa Mariana a fazer considerações sobre a *decoração* do consultório até desaguar abertamente na lembrança de uma *decoração anterior* de sua casa, quando seu pai – que até então morava com ela – fora morar na casa do outro filho, irmão de Mariana. Ela negava a intensa hostilidade que sentia em relação ao pai, com quem nunca se dera bem, atribuindo exclusivamente ao marido a decisão de não mais abrigarem o pai. Naquele momento, Mariana descobriu que o marido tinha uma amante, o que gerou uma grande crise matrimonial. É de se pensar até que ponto teria "facilitado" a infidelidade do marido, como punição por ter "abandonado" seu pai, forçando-o a morar em outro lugar.

Toda esta problemática, que estava deslocada, condensada, projetada por Mariana é "reinoculada" pelo analista *ESCORPIÃO*, a quem a analisanda vivencia como injetando o veneno do ódio, da hostilidade e da agressividade para com o pai. Uma possível erotização do "escorpião" e sua "pinça" seria claramente resistencial.

Sessão 7 – Marcelo

– Faltei por resistência. Cheirei cocaína, fiquei deprimido e envergonhado. É como se deixasse tudo ir por água abaixo. Estou com muitas dificuldades. Tive um sonho. Estava no Café Photo (um prostíbulo de luxo). No sonho, era como um hotel e encontro minha mãe que está hospedada ali. Encontro também Roberto, que está com uma namorada loura e traz maconha para mim. Eles *trocam olhares*. Vejo que a maconha não tinha nenhum cheiro; era falsificada. Saímos os três juntos, *trocando olhares*, como se fôssemos fazer um *ménage à trois*. A loura começa a me bolinar. Eu fico muito constrangido. Você também estava lá, só que você não era homem e sim uma mulher bonita e me dizia que poderia me atender. Era esse o sonho... – Após um curto silêncio, Marcelo continua: – Hoje eu estava muito preocupado em não faltar, não queria chegar atrasado, estava de olho na claridade da luz do dia na janela... Ainda do sonho, tinha um pedaço em que aparecia o Adriano, de Santa Catarina, era uma cena de tiro, briga à beira da praia, eu pensava que ele tinha morrido e depois via que estava vivo.

Marcelo tem faltado muito nos últimos tempos. Como disse agora, sempre atribui suas faltas ao uso da cocaína e da maconha, que o deixam prostrado pela manhã, com dificuldades para levantar-se. Mas tenho outra opinião, que, de certa forma, é reforçada pelo sonho que acaba de me relatar, no qual aparecem fortes conteúdos eróticos que deixavam entrever uma indiscriminação e uma promiscuidade incestuosa sexual – a mãe no bordel, o casal amigo com quem faria um *ménage à trois*, eu mesmo transformado numa bela mulher também presente no bordel.

Pensei então, mais uma vez, que suas faltas à sessão não eram motivadas por vergonha de ter usado novamente cocaína, como ele mesmo dizia. A relação era inversa. A meu ver, Marcelo estava usando mais cocaína por estarmos tocando profundas angústias primitivas ligadas a seus problemas de identidade, a seus fantasmas incestuosos e homossexuais. Marcelo recentemente recebera informações de que seu pai teria casos homossexuais. Embora essas informações o enchessem de angústia e de vergonha, não o tinham surpreendido. De longa data, o pai vivia cercado de *gays* em suas amizades e em seu trabalho. Apesar dos rumores, o pai mantinha uma casa com uma segunda mulher, separado que estava há muitos anos da mãe de Marcelo.

As notícias da suposta bissexualidade do pai tinham sido dadas a Marcelo alguns meses antes, fato que contribuiu para sua decisão de procurar mais uma vez – desde que tinha feito algumas tentativas anteriores – uma análise, iniciando assim nosso trabalho conjunto. Ele me relatara tudo isso nas primeiras entrevistas, mas, pelo que eu pudesse ter registrado, não mais tinha abordado o assunto, consciente ou inconscientemente.

Embora todas essas ideias me ocorressem enquanto Marcelo me fazia o relato de seu sonho, nada disso lhe falei. Perguntei-lhe apenas quem era Adriano. O motivo de começar a pesquisar o sonho por esse ponto se devia ao fato de ter Marcelo esquecido esse fragmento ao relatá-lo inicialmente, só o fazendo num momento segundo e tentando isolá-lo do resto do mesmo. Essas características no relato do sonho indicariam, de acordo com Freud, um ponto em que a repressão e a censura teriam incidido com especial força.

– Adriano é o dono de um bar em Florianópolis. Nesse bar, numa ocasião, ele e os garçons espancaram um amigo meu por pensarem que ele tinha roubado alguma coisa lá, nem lembro mais o quê. Eles o abandonaram desacordado na rua, onde a família dele o encontrou, alta madrugada, coberto de escoriações, um corte na cabeça, manchas escuras de sangue coagulado pelo corpo e na roupa. Fui visitá-lo quando soube, no dia seguinte, fiquei chocado e revoltado. Isso aconteceu há muitos anos... – Marcelo se interrompe e diz surpreso: – Mas, espera aí, não foi o Adriano quem fez isso, não tem nada a ver. Fiz uma grande confusão. Na verdade, o dono do bar se chama Tadeu e foi ele quem agrediu meu amigo. Adriano é o irmão dele, que é decorador e homossexual.

O ato falho de Marcelo trocando Adriano por Tadeu e, dessa forma, introduzindo um homossexual no texto de sua fala, pareceu-me mais um elemento a confirmar minha hipótese.

– É o prostíbulo de luxo, o fato de sua mãe estar lá, o fato de ser eu uma mulher bonita que lhe fazem pensar em tais imagens? – perguntei-lhe, procurando ouvir suas associações sobre esses elementos do sonho. Mas Marcelo não conseguiu associar nada. Perguntei-lhe, então, sobre Roberto e sua mulher, que, no sonho, lhe ofereciam maconha para cheirar e que o levam para um *ménage à trois*.

– Bom, Roberto é um amigo de meu irmão. Algumas vezes me vendeu mesmo maconha. Acho que nem conheço a mulher dele. Também não entendo isso de cheiros de maconha, não sei... Ah, estou me lembrando de um outro pedaço do sonho. Era assim: eu estava nu, como se estivesse fazendo a barba com um barbeador molhado, um barbeador elétrico.

Era um outro fragmento do sonho que emergia e, tal como o anterior, parecia indicar ter sido objeto de grande repressão, só aparecendo na consciência num terceiro momento. Dizendo de outra maneira, chamava-me a atenção como o sonho fora trazido para a sessão, em três fragmentos sucessivos, o que – como já

disse – daria ideia da intensidade da repressão a ser vencida para poder ser relatado.
– Que você lembra em relação a isso? – perguntei.
– Não sei direito. Alguns anos atrás, comprei um barbeador elétrico, influenciado por amigos. Mas não gostei. Desisti dele e voltei a usar a gilete. O engraçado é que agora as coisas se inverteram. Voltei a usar barbeador elétrico. Em casa, meus irmãos também o usam e *meu pai, gilete*.

A forma como Marcelo falou a última frase me chamou atenção para as palavras finais – **meu pai, gilete,** ou seja, **meu pai gilete** – palavras que imediatamente me fizeram lembrar o que falara sobre a suposta bissexualidade do pai, assunto que não mais fora abordado por ele até então.

Meu pai, gilete. Meu pai gilete. Repeti suas palavras com a mesma entonação usada por ele, retirando a vírgula que substituía o verbo (meu pai, gilete = meu pai usa gilete), transformando a *gilete* num apodo de *pai*. Ou seja, fazendo uma afirmação adjetivada.
– Não tinha me dado conta, não me apercebi do que estava dizendo – disse Marcelo.
– Você, nos primeiros dias da análise, me falou de suas suspeitas, do que lhe tinham dito em relação às amizades de seu pai com os *gays*, que ele mesmo seria *gay*.
– É mesmo. Eu acho isso mesmo. Vários amigos vieram me falar isso. Foi terrível... –

Marcelo fica um pouco em silêncio e depois continua a falar, produzindo associações possibilitadas por minha intervenção. – Por falar nisso – diz ele –, ontem à noite meu pai me telefonou e, no meio da conversa, me disse que estava pensando em dar um grande bônus no final do ano para o Laerte. Acontece que Laerte é justamente o tal rapaz *gay* que trabalha com ele e com quem meu pai anda para cima e para baixo. Discordei imediatamente; era muito dinheiro, não tinha cabimento e, depois, como era que eu ia ficar, achando que meu pai está dando este dinheirão para um veado?... Lembro agora que, recentemente, lá em Florianópolis, estava em casa num domingo à tarde, quando chegaram eles dois, meu pai e Laerte. Estavam muito risonhos e *trocavam olhares*. Disseram ter passado o domingo juntos até então. Fiquei extremamente perturbado, pois logo pensei que eles tinham transado um com o outro... Ficaram um pouco em minha casa, conversando, mas eu mal conseguia pensar. E agora, ele querer dar esse bônus para Laerte, acho isso demais. Não me conformo, é dinheiro, e muito.

– Você me conta como seu pai e Laerte *trocavam olhares*. No seu sonho, Roberto e a mulher *trocavam olhares*.

– É mesmo, não tinha notado.

Nestas alturas da sessão, não tinha mais dúvidas em relação a minha impressão primeira. Marcelo estava fugindo da análise em função de uma série de fantasias homossexuais aqui reatualizadas, ligadas à figura ambígua do pai, de quem, não obstante, gostava e tinha muitos ciúmes. Provavelmente sentia, na transferência, o mesmo em relação a mim, o que fazia com que tudo adquirisse um forte colorido erótico homossexual.

– Penso, Marcelo, que você está faltando às sessões não por vergonha em relação ao uso da cocaína, mas por estar muito atrapalhado vir aqui. Talvez por sentir-se ligado a mim, gostando das sessões, você teme que haja aqui algo de *gay,* de veado, como se nossa ligação ficasse assim comprometida e você deixasse o trabalho todo ir por água abaixo. Talvez por isso você me transforme numa mulher bonita do Café Photo, ou seja, numa prostituta, uma pessoa com quem você tem relações por dinheiro, efetivando um pagamento. O fato de ter de me pagar aqui também fica misturado com isso. Se sou uma mulher, todo este aspecto fica escondido. Todas essas fantasias homossexuais deixam você com dificuldade de vir à sessão, e, quando vem, fica muito desconfiado, cheio de medo e de susto.

– Não tem nada a ver. Estou pensando que você pinça palavras do que falo, que você leva para onde você quer o que eu digo. A psicanálise é muito perigosa. Não quero ouvir isso, saber disso... Talvez você tenha razão. Noto que estou fazendo um esforço grande para me afastar do que você disse, para negar e ignorar tudo o que você falou.

– É verdade. Você se irrita porque é como se eu tivesse puxado o tapete, de suas palavras pinço outras coisas de que você não suspeitava, que você mesmo não sabia que estava dizendo. Apesar de você negar o que falei, veja que, quando apontei para sua fala **Meu pai, gilete**, você pôde lembrar aqui o que soube na última semana, a ideia de seu pai dar para Laerte um grande bônus, logo a ele sobre quem recaem suas suspeitas. Talvez você fique assustado com os caminhos inesperados que a análise pode trilhar sem sua permissão, daí parecer tão perigosa. Teme também confiar em mim. Tudo fica tanto mais perigoso quando teme que haja alguma coisa homossexual entre nós dois. A menção que faz ao Café Photo pode ser entendida também como uma metáfora da análise, que *fotografa, revela* suas fantasias. Talvez você confunda o que seja *revelar* a fantasia, coisa que estamos fazendo agora, com o *realizar* ou *concretizar* na realidade tal fantasia, ou seja, ter um efetivo relacionamento homossexual.

Marcelo ouviu e ficou calado por um bom tempo, até falar:

– Eu tinha pensado em não vir amanhã, pensava em viajar. Mas mudei de ideia. Virei sim amanhã.

Por ter achado a sessão produtiva, esperava com alguma curiosidade a sessão seguinte de Marcelo. Imaginava que ele viria melhor, menos paranoide e desconfiado, desde que julgava ter interpretado adequadamente o núcleo de fantasias homossexuais que estavam gerando seu comportamento fóbico em relação a mim, evidenciado em suas faltas. Mas – para minha decepção – estava enganado. Marcelo veio muito mal à sessão.

– Estou muito mal. Passei a noite imaginando voltar para Florianópolis. O que estou fazendo aqui em São Paulo? Não tenho muitas perspectivas, não tenho amigos, não tenho dinheiro, não tenho as comodidades que tinha lá. Tenho só o pai sacana que me deixa fodido. Tive dois sonhos que me animaram um pouco. O primeiro era com um pai velho, de barba de três dias, cabelos brancos. Digo-lhe que vou morar em outro país e que nunca mais vou vê-lo. É uma despedida. Para minha surpresa e decepção, ele aceita minha partida. Eu não queria que ele a aceitasse, o que eu gostaria mesmo era que ele não me deixasse ir embora. Decepcionado, saio da casa dele levando várias malas. Meu pai chorava e eu ficava muito mal, culpado, pensando *como posso fazer isso, deixar meu pobre e velho pai sozinho?* Ia para a casa de meu irmão, a quem contava tudo. Ele me tranquilizava, dizia-me para tomar uns uísques – eu não sei se para comemorar ou para lamentar, ou pelos dois. No outro sonho estou chupando minha mulher, depois tento penetrá-la e não consigo, mas gozo assim mesmo. O esquisito de tudo isso é que *de fato* gozei, tive uma polução, coisa que não acontecia há anos. Ah, tem outra parte do sonho: estou mudando para um prédio onde não há paredes, e os três andarem são de vidro.

– Que você pensa disso?

– Esse negócio de gozar, de polução, como você sabe, teve um período em que tive ejaculação precoce... Não sei por que me lembrei de que eu não sabia o que era **onanismo**. Li no dicionário e vi que não era sinônimo de masturbação, e sim que significava gozar fora.

– No seu sonho, você está tendo uma relação com sua mulher. Que pensa disso?

– Minha mulher me contou que uma amiga nossa teve uma grande briga com o marido. Eles são um casal muito complicado, e ela o acusa de estimular o homossexualismo dela. No fim da briga, como já aconteceu antes, disseram um para o outro que estavam liberados para fazer o que quisessem com suas vidas sexuais. Que não havia mais nada entre eles... Que relação de merda essa que eles têm! Ele, uma vez, me contou que ela nunca quer trepar, não deixa que ele a toque ou a veja nua. Acho mesmo que ela tem atração por mulheres.

Repassando os elementos presentes nos sonhos que Marcelo traz – a separação do pai, a insatisfatória relação sexual com a mulher, a amiga que acusa o marido de estimular-lhe a homossexualidade, e o viver num prédio de vidro –, eles revelam que persiste numa posição paranoide frente à análise. Sente-se exposto e observado (morando num prédio de vidro), ouve de forma persecutória o que lhe interpreto (a associação que faz, ao falar da amiga que acusa o marido de lhe estimular o homossexualismo, poderia ser uma queixa projetiva dele em relação a mim), e tudo isso o leva a desejar interromper a análise, embora não saiba se isso é o melhor (ir morar em outro país, longe do pai, com uma separação dolorosa, em última instância não gostaria de se separar do pai, o irmão o convida a beber, não sabe se para comemorar ou lamentar o acontecimento).

Digo-lhe isso de forma sucinta e ele responde:

– De fato, fiquei muito angustiado com a sessão passada. Quando saí ontem, fiquei pensando: será que meu analista viu algo homossexual em mim? Lembrei-me de algo que nunca lhe contei. Quando era adolescente, um dia cheguei à casa de um amigo e a empregada me mandou subir. A porta do quarto dele estava fechada, e eu olhei pelo buraco da fechadura. Ele estava tendo relações homossexuais com outro amigo. Fiquei sem saber o que fazer, mas depois enchi o saco deles.

– Penso que é assim que você sentiu a sessão passada, como se eu tivesse olhado pelo buraco da fechadura e visto algum segredo embaraçoso. Sente-se exposto, muito mal..

– É, não estou legal.

– Marcelo, penso que a sessão passada gera um tumulto e uma confusão em você, uma mistura de muitos sentimentos e ideias. Sente-se, como falei e estava no seu sonho, muito exposto, sem privacidade, morando num prédio de vidro. Sente vontade de ir para longe de mim, morar num outro país, como no sonho. Ao mesmo tempo, lamenta fazê-lo. Quer ficar, mas também teme que eu o seduza, o induza ao homossexualismo, como disse a amiga de sua mulher. O que vimos ontem é que você tem faltado às sessões por isso tudo. É uma confusão que você faz. Como se o gostar de mim necessariamente levasse a uma relação homossexual. Ouve o que falo como sedução ou como acusação. Na verdade ela simplesmente *revelam* (Café Photo), no sentido de examinar, estas fantasias que tanto o assustam. Talvez seja penoso, mas o fato de estar aqui indica que, apesar de tudo, quer entender melhor tudo isso.

– Eu fiquei muito irritado mesmo com você ontem. Acho que você inventa coisas. Hoje eu tinha até imaginado inventar um sonho, só para ver o que você ia dizer. Mas aí achei que não ia ser legal, ia ser uma embromação, uma enrolação.

– Você quer ver como uma invenção minha tudo o que apareceu aqui ligado à palavra **gilete**, como se eu tivesse criado tudo o que você falou. Você prefere ver assim, para não sentir como verdadeiro algo que lhe é muito penoso e doloroso, que diz respeito a sua relação com seu pai.

– É, é isso mesmo esse negócio de **gilete...** Como é que você inventou aquilo? Fiquei pensando, e se eu tivesse dito **lâmina de barbear** ou qualquer outra coisa, o que você ia dizer?... Você fica inventando problemas, puxando o pensamento para onde você bem quer. Não está certo. Fiquei pensando, esta análise assim não vai ter fim nunca.

– Por um lado, fica com medo de ser controlado por mim, que puxaria seu pensamento a meu bel prazer. Por outro lado, teme perder a análise e gostaria que ela nunca tivesse fim, especialmente agora que está terminando a sessão.

Comentários

Essas duas sessões – realizadas num contexto transferencial muito tumultuado, marcado por uma conduta fóbica do analisando em relação ao analista, evidenciada nas muitas faltas e atrasos – são ilustrativas quanto à especificidade da escuta analítica, que detecta no discurso do analisando as rupturas por onde emerge o inconsciente.

Marcelo traz um sonho repleto de imagens eróticas incestuosas e sexualmente ambíguas, no qual aparece o uso de drogas e a insistência do significante *trocando olhares* num contexto que não proporciona maiores acréscimos.

Esse sonho comporta ainda dois adendos, que são acrescidos posteriormente, o que seria indício de uma repressão especialmente intensa. No primeiro, evidencia-se também um ato falho, quando Marcelo troca Tadeu por Adriano, sendo este um homossexual a quem equivocadamente atribui um comportamento agressivo efetivamente realizado por Tadeu. No segundo, aparece nu fazendo a barba. Ao associar a partir desse último fragmento, pronuncia de forma chamativa a expressão **meu pai, gilete**, o que me permite lembrar algo que ele tinha falado meses antes e não mais tinha voltado a abordar. Ao ser sublinhada essa sua frase, Marcelo lembra importantes fatos do dia anterior, ligados diretamente com o conteúdo latente que estava presente naquele pequeno *lapsus linguae* – o temido homossexualismo do pai, os ciúmes frente à descabida generosidade do pai para o empregado *gay*, o acreditar ver o pai e o amigo *trocarem olhares*, o que denunciaria suas relações sexuais, elementos que, por sua vez, se ligavam às próprias fantasias homossexuais de Marcelo que estavam sendo reatualizados comigo na transferência, fazendo com que se afastasse da análise por meio de muitas faltas.

Sessão 8 – Mônica

Numa primeira sessão depois de nossas férias, Mônica, que lutou anos para engravidar e que está agora em seu quarto mês de gestação, chega muito apreensiva à sessão, começando imediatamente a falar:

– Passei o mês inteirinho de molho, em casa, de licença no trabalho. Tive pequenas hemorragias todos os dias. Fiquei com medo de abortar. O obstetra tentou me tranquilizar, dizendo que a hemorragia não era perigosa. Achava que não era nada grave e que, com o correr da gestação, se regularizaria. Mesmo assim, me deu licença de um mês. Fiquei em casa, lendo, pensando, na maioria das vezes profundamente entediada. O médico também me proibiu ter relações sexuais. Por tudo isso, estou mal, com medo de aborto, muito preocupada com qualquer manchinha de sangue que aparece. Não sei se confio muito no médico. Ele não indicou repouso absoluto. Apenas falou para eu não ir ao trabalho ou dirigir o carro... Ah, fiz ultrassom duas vezes. Quando olhei *na tela da TV*, o bebê estava de frente, e o que vi foi uma caveirinha. Tive uma sensação desagradável, esquisita.

Entendi que o médico, ao saber da pequena hemorragia, não a considerou um sintoma grave. Proibira apenas o trabalho profissional e o dirigir o carro, o que motivou sua licença de um mês. Mônica poderia exercer pequenas atividades domésticas ou manter vida social praticamente normal. Entretanto, via que ela tinha se imposto um severo regime de repouso absoluto, motivado pelo medo de ter uma ameaça de aborto e perder a criança. Como isso não correspondia ao que o médico lhe tinha dito, entendi sua atitude como sintomática, resultante de alguma fantasia a ser procurada. Porque estávamos na primeira sessão de volta de férias, levantei a hipótese de que sua angústia de perder o filho, de abortá-lo, e todas as medidas que tinha tomado durante esse mês, num exagero apreensivo que não levara em conta as informações tranquilizadoras do médico, tudo isso me parecia estar ligado com a interrupção da análise devido às férias.

A mãe que não retém o bebê, que o aborta, que não demonstra querer ficar com o filho seria eu, o analista que a tinha "abortado", "interrompera" a "gravidez" de nosso trabalho analítico. Sua atitude de se autoimpor um repouso absoluto seria então o comportamento oposto àquele que, na sua fantasia, eu tinha tido e que deveria servir-me de exemplo – era assim que eu deveria agir, ser uma mãe que tudo faz para não "abortar", para não "interromper a gravidez". Também registrei sua peculiar reação durante o ultrassom da gravidez. Não viu ali uma vida em gestação, ficara horrorizada ao divisar uma "caveirinha".

Seria uma interpretação possível, cabível, mas que me pareceu excessivamente convencional. Poderia tê-la dado a qualquer analisanda grávida nestas circunstâncias. Tal pensamento me fez reter a interpretação, não havia pressa em dizê-la, e aguardei mais material que poderia enriquecê-la.

Mônica quebra o silêncio que tinha se instalado após sua fala:
– Tive um pesadelo terrível anteontem. Estávamos envolvidos numa complicadíssima trama de espionagem, eu e Marcos. Iam assassinar o presidente dos Estados Unidos. A situação se complicava, eu ficava em pânico, íamos todos ser presos e condenados. O engraçado de tudo isso é que um dos coordenadores dessa ação terrorista era meu chefe no trabalho, o Geraldo. Só que no sonho ele se chamava Ruinaldo. Eu estranhava o nome e perguntava duas vezes a ele como era mesmo. Ele repetia: Ruinaldo.

Seguindo a linha interpretativa já esboçada anteriormente, poderia rapidamente entender seu sonho persecutório de assassinato do presidente dos Estados Unidos como resultante de seu desejo assassino em relação a mim, sua vingança por meu abandono durante as férias. Mas outros elementos do sonho me chamavam a atenção.

– Que associações você faz com tudo isso? – perguntei-lhe.

– Bom, um dia desses vi um filme na TV com uma história parecida, com planos de matar presidentes, espiões, estas coisas.

– Quando você falou no filme que viu na TV, lembrei que você antes tinha dito que tinha visto *"na tela da TV"* o rosto de seu bebê, uma caveirinha. Teria algo a ver com tudo isso?

– Não sei. A carinha do feto que vi talvez lembrasse aquele quadro de Munch, *O Grito*.

– E isso de Geraldo, "Ruinaldo", o que tais nomes fazem você pensar?

– Bom, o Geraldo é um cara legal, mas muito grosso, mal-educado. Diz as coisas mais inapropriadas possíveis para as pessoas, é capaz de fazer corar um frade de pedra. Agora, este nome "Ruinaldo", não tenho a menor ideia de onde ele vem.

– O que liga a esse nome?

Após um curto silêncio, Mônica responde:

– Bem, Ruinaldo me lembra ruim, ruína.

– E essas palavras fazem você pensar em alguma coisa?

– Engraçado, lembram-me minha mãe, pois toda vez que se olha no espelho, ela tem o hábito de dizer "Estou uma ruína...". – Após ficar em silêncio alguns segundos, continuou: – Não sei por que me lembro de ter lido em algum lugar sobre terapias com LSD, os analisandos ficavam ora em êxtase, ora em estados de horror.

Agora eu me dava por satisfeito; tínhamos chegado temporariamente a uma configuração que tinha um certo sentido, uma coerência, um *fio lógico*, como diz Freud. O sonho, quase pesadelo, de Mônica girava em torno do assassinado do presidente dos Estados Unidos. "Alguém" ia assassiná-lo, mas ela e o marido estavam envolvidos, assim como seu chefe, chamado no sonho de Ruinaldo. Trata-se do assassinato de uma figura parental, à primeira vista o pai. O significante "Ruinaldo", entretanto, traz algumas novas informações. Remete diretamente à figura da mãe, que se acha "em ruínas". Talvez a gravidez de Mônica seja vivida edipianamente como um triunfo sobre a mãe, agora "em ruínas", um assassinato da mãe. Isso a deixaria oscilando, tal como ela diz dos analisandos drogados, entre o êxtase prazeroso e o horror, o que a faz sentir-se como uma pessoa "ruim" e merecedora de castigos. E o castigo maior, que ela mesma se aplica, é a ameaça de aborto, o perder seu filho, o vê-lo não como um feto em crescimento, e sim uma pequena caveira. A punição se completa com o autoimposto repouso absoluto, que a impede de fazer coisas minimamente prazerosas, afundando-se num tédio aborrecido.

Transmiti para Mônica essas impressões.

Comentários

Esse fragmento de sessão permite fazer um exercício que expõe duas formas de trabalhar com o material trazido pela analisanda.

No início, quando notei o exagero de cuidados de Mônica ao se impor – sem orientação médica – um desnecessário repouso absoluto, entendi isso como uma reação sintomática à interrupção das férias, um "aborto" simbólico causado pela separação, etc. Ou seja, estava lendo seu discurso tendo como referências exclusivas sua pessoa (com suas fantasias e seus desejos) e minha presença polarizadora da transferência.

Já o material do sonho amplia bastante o leque referencial, entrando um presidente (figura paterna), um assassinato, um significante que, em sua polissemia, remete à mãe e à culpa, às necessidades de punição, que são autoaplicadas. Dizendo de outra forma, ficam mais claras as fantasias desencadeadas na analisanda por seu estado de gravidez.

Qual das interpretações seria a mais correta: aquela *transferencial*, que entenderia as fantasias de aborto e o sonho de Mônica diretamente ligados a minha pessoa, como decorrência dos conflitos de abandono e de rejeição atualizados pela separação durante as férias, ou esta que revela os vários conflitos que sua gravidez está despertando, girando em torno de sua vivência de triunfo sobre a mãe, a quem sente ter destruído e arruinado ao ocupar também um lugar de mãe, situação que lhe gera intensa persecutoriedade e necessidade de punição?

Seria esta uma interpretação *fora da transferência*, que não leva em conta os *afetos* e *sentimentos* em jogo? Ou, pelo contrário, entendemos que somente *estando em transferência* a analisanda pode produzir esse discurso, com seus vários níveis interpretativos, e o analista escutar nele o desfile dos significantes e explorá-los devidamente, o que foi feito a respeito do curioso significante RUINALDO.

Uma possível interpretação que juntaria as duas possibilidades diria que a analisanda efetivamente se queixa das férias, sente-as como um abandono punitivo de minha parte, já que abriga nesse momento fantasias de triunfo fálico em relação à mãe, que está "em ruínas", e talvez em relação ao próprio analista, pois a gravidez está sendo vivida como uma completude fálica há muito esperada, ficando o analista "em ruínas", desnecessário, supérfluo.

Sessão 9 – Amália

Amália chega à sessão com o braço enfaixado, o que me faz perguntar o que lhe tinha acontecido:
– Que houve com seu braço?
– Um negócio esquisito; ele ficou paralisado, doendo muito. Fui ao pronto-socorro e o médico disse que era uma tenossinovite aguda do ombro. Não consigo fazer um movimento. O médico me passou uma caixa de anti-inflamatório. Caso não melhore em uma semana, devo voltar e bater Raio X. Não sei se não seria melhor ir a outro médico e bater logo o Raio X e saber o que há mesmo... Não sei o que poderia ter causado isso, mas eu costumo dar **encontrões** em portas. É tão comum que já nem ligo mais.
– Amália fica um pouco em silêncio e me pergunta: – Era você mesmo quem eu **encontrei** na rua, logo depois da sessão?
– Como assim?
– É, anteontem, depois da sessão, atravessando a rua na frente da farmácia. Eu tinha parado para tomar um cafezinho e, quando fui atravessar a rua, vinha você. Fiquei na dúvida porque passei a menos de um metro e meio de você, olhando-o, e você não me cumprimentou. Fiquei tão admirada, fiquei pensando: será um sósia? Mas parecia estar com a mesma roupa! Se bem que me senti tão confusa que nem sabia mais se você estava ou não com aquela roupa. Mas se era você, por que não teria me cumprimentado? Será que você fingiu que não me via?
– Pela hora e lugar era eu mesmo, mas não a vi, caso contrário teria cumprimentado. Mas o que você pensou de tudo isso?
– Ah, você devia estar muito absorto em seus pensamentos. Na hora fiquei muito surpresa, tomei um susto. A sessão tinha sido tão difícil, eu tinha brigado tanto com você que até pensei que

você tinha me visto, mas não falou porque estava com raiva de mim... – Amália se cala e depois continua: – O Luís cismou que está com gastrite. Como sempre, ele bota a culpa em mim, diz que tem de trabalhar demais, eu não ajudo. Devo ser também a culpada pelos problemas do estômago dele.

– Amália, será que você está me dizendo que o **encontro** que teve comigo anteontem teve uma maior repercussão sobre você do que você se dá conta? Veja, você falou que costuma dar **encontrões** em portas, que isso é tão comum que nem nota mais. Quem sabe você tenha sentido nosso encontro como um *encontrão*, uma forte batida que justificaria sua tenossinovite, seu braço imobilizado e doloroso. Será que este nosso **encontro**, no qual não a vejo e sequer a cumprimento, foi um **encontrão**? Ou ainda, você teria gostado de me dar um **encontrão** para forçar meu cumprimento, por não tolerar que eu tivesse passado sem vê-la? Tem um ditado "surdo como uma porta". Será que me sente como uma "porta", alguém que não ouve você e contra quem você se joga para ser notada? Por que iria eu fingir que não a via?

– Sei lá, vocês, analistas, são pessoas tão estranhas...

– Como assim?

– Você poderia estar bravo comigo porque eu briguei muito na sessão, aí não quis falar comigo.

– Quer dizer que você acha que eu poderia estar bravo com você por ter brigado na sessão e expresso minha raiva não a cumprimentando? Você teme que eu me vingue e a castigue por sua má conduta. Antes que eu o faça, você mesma se castiga preventivamente. Você se autoaplica o castigo, fica com o braço doente, enfaixado. É esta sua punição por não ter se comportado bem aqui?

– Você quer dizer que eu fiquei com meu braço assim por causa deste nosso **encontro** na rua?

– Exatamente, na medida em que entende que não falei com você por estar com raiva em função da briga durante a sessão. Aliás, lembro, há bastante tempo atrás, um dia que você chegou aqui com o pé engessado, com uma terrível dor. Depois nós vimos que no fundo você temia ter dado um **passo errado**, pois naquela ocasião tinha finalmente conseguido realizar um negócio há muito esperado, mas cujas consequências poderiam ser adversas. A dor no pé e o pé enfaixado representavam sua angústia frente ao novo passo que estava dando e as dúvidas sobre sua adequação.

– Lembro. Mas não é possível... Será que sou uma daquelas histéricas do filme do Freud? – Na semana anterior, Amália vira na TV o filme sobre a vida de Freud e tinha comentado na sessão. Continua: – As histéricas ficavam paralisadas mesmo ou era licença poética?

– Parece que você hoje se dá a resposta que estava procurando já na semana passada ao ver o filme do Freud – respondo.

– Eu acho terrível tudo isso. No filme havia aquelas cenas patéticas, vergonhosas.

– Você tem vergonha de admitir que o **encontro** nosso anteontem pode ter tido um efeito muito maior do que você supunha. Você tem vergonha de me mostrar qualquer coisa que possa ser vista como fraqueza. Imediatamente se sente humilhada e inferiorizada por mim. A própria sessão passada, que você lembra e diz que tinha brigado muito comigo, o que é verdade, girava em torno de sua dificuldade em admitir seu sofrimento no emprego. Tem vergonha de me mostrar seu sofrimento, seu medo, sua angústia, e fica arrogante.

– A respeito lá do emprego, fiquei pensando. Eu jamais poderia ficar subordinada a Marília. Impossível!

– Há um lado seu que acha que não pode se subordinar a nada ou a ninguém.

– Não aceito as regras do jogo lá.

– Não só as de lá. As daqui também. Você chega às sessões sistematicamente atrasada. Como já vimos, para você, chegar na hora significa estar submetida a mim, subordinada a mim, e um lado seu diz que isso é impossível. Não é só quanto ao horário que você vive como uma humilhante submissão, mas também quanto a mostrar aqui na sessão aquilo que você mesma encara como fraquezas. Tudo isso é visto como ficar diminuída e humilhada. Você me ataca, briga comigo, depois fica com medo de minha vingança. Por esse motivo entende que eu não a tenha cumprimentado na rua como um revide a seus ataques durante a sessão. Antes que eu exerça algo mais drástico, você se castiga, ficando com o braço doente. De certa forma, todas essas ideias e esses sentimentos, como não podem ser falados aqui por você, terminam aparecendo de outra forma, por exemplo, um braço enfaixado com tenossinovite.

– Eu não vou mudar. Foda-se.

– Você transforma **seu** desejo de modificar sua atitude, que sente claramente que a prejudica, como um desejo **meu**, contra o qual se rebela. Transforma numa luta pessoal comigo, num submeter-se ou não.

Logo após a sessão, Amália, não sentindo mais as dores no braço, por conta própria tirou o gesso, abandonando a tenossinovite, tal como tempos atrás também tinha tirado o gesso do pé.

Comentários

Nesta sessão foi possível detectar uma conversão histérica *in statu nascendi* e desfazê-la com a interpretação do significante **encontro / encontrão**.

A analisanda estava consciente de ter brigado comigo e interpreta o fato de eu não tê-la cumprimentado como decorrência da tumultuada sessão que antecedeu o *encontro*, quando tinha sido agressiva comigo e supunha ter-me deixado irado e vingativo em relação a sua pessoa. O que ela *não tinha consciência* era da vinculação entre este *encontro* depois da sessão e as amplas repercussões internas que tal *encontro* teve, as quais terminam por aparecer como uma conversão, como uma "tenossinovite", que ela atribuiu ao fato de dar *encontrões* em portas.

Claro que toda a estrutura edipiana da analisanda está como pano de fundo da produção desta sua conversão, e, muito mais, sua problemática ligada à *castração*, pois o que a analisanda vive comigo, na transferência, é uma franca disputa fálica, centrada em seus habituais atrasos e evidenciada no material, de forma deslocada, nas disputas com sua chefe no trabalho.

Dessa forma, sua conversão deve ser entendida como uma *autocastração preventiva*, ou seja, ela se castra antes que eu o faça, retaliando suas agressões fálicas, por meio das quais está sempre disputando comigo um poder imaginário e tentando dele me castrar. Um outro aspecto condensado diz respeito ao ditado "surdo como uma porta", que dá um novo matiz à fantasia da analisanda

Marília não tem *a menor consciência dessas fantasias, ou seja, tudo isso se passa em nível inconsciente.* Ela não tem ideia da repercussão do *encontro* que teve comigo, de como ele lhe despertou intensos temores, a ponto de fazer com que, à noite, sentindo fortes dores no braço, tenha sido obrigada a procurar um pronto-socorro, onde foi diagnosticada e medicada por um ortopedista.

Isso me parece muito importante, pois dá bem a medida da repercussão interna das fantasias punitivas da analisanda, que a mobilizam, a fazem *atuar*. A rigor, não podemos falar em *atuação*, e sim em *conversão*, mas uso propositadamente o termo *atuar*, para enfatizar o salto para fora do psíquico, que pode tomar a forma tanto de uma *conversão*, em que o salto termina no corpo, ou de uma *atuação*, em que o salto termina no comportamento, nas condutas intersubjetivas.

A analisanda, ao chegar à sessão, exibe a conversão, o braço imobilizado, suas inúmeras preocupações com isso, e, *en passant*, como se fosse algo sem nenhuma importância, relata seu encontro comigo no dia anterior. *Ela não tem ideia de que seu braço imobilizado está diretamente ligado com o fato de me ter visto após a sessão no dia anterior, e – mais importante – eu também não tinha tal conhecimento.* Pois é claro que, ao ver a analisanda com o braço imobilizado, não poderia partir do pressuposto de que aquilo era uma conversão. Ela poderia efetivamente estar com uma tenossinovite. O que tornou possível para mim entender aquilo como uma conversão foi justamente a insistência do significante *encontro/encontrão*, da qual também a *analisanda não tinha conhecimento, e que somente a escuta analítica pôde captar e valorizar.*

O problema da conversão, em sua dimensão de *atuação*, como esclareci acima, é importante também por mostrar como ela provoca o envolvimento de várias outras instâncias do relacionamento intersubjetivo da analisanda, como desencadeia reações, conforme pode ser exemplificado pela atitude do médico ortopedista que a diagnosticou.

É verdade que, ao final destas anotações, percebi que o não ter visto a analisanda e, consequentemente, não tê-la cumprimentado, como ela mencionara, fato que desencadeou todo o episódio, poderia ainda ser entendido como uma reação contratransferencial minha ao ocorrido na sessão que antecedeu imediatamente ao encontro, reforçando as fantasias persecutórias da analisanda.

Sessão 10 – Miriam

O fragmento de sessão que passo a relatar acontece nos finais de uma briga, que se configurou como definitiva, a qual Miriam vinha tendo com sua sócia.

Miriam é uma advogada deprimida, que sofre de anorexia nervosa. Há períodos em que fica extremamente magra, pois, além de não se alimentar bem, vomita voluntariamente tudo o que ingere. Nesses momentos, apesar de debilitada, insiste em fazer caminhadas pelo Ibirapuera, quando se irrita com os olhares espantados que os demais frequentadores do parque lhe dirigem, motivados por sua aparência inquietante. Está por volta de quarenta anos e já fez inúmeras terapias desde os quinze anos, apenas uma delas de cunho psicanalítico.

Começamos a análise há uns quatro anos. Naquela ocasião estava seriamente deprimida. É casada, mãe de duas meninas e mantém uma relação muito forte com o marido, apesar de constantes conflitos.

Miriam teve e tem muitos problemas com sua família. O pai tem gravíssimos problemas psíquicos, sendo pessoa de contato muito difícil. A mãe morreu de uma maneira que levanta suspeitas quanto a um suicídio, embora tal hipótese seja negada por toda a família. Na ocasião, Miriam tinha quinze anos. Ela mesma tentou suicídio aos treze anos, cortando os pulsos.

Apesar de muito inteligente, Miriam não consegue trabalhar, totalmente cerceada por graves e inúmeras inibições.

A sócia com quem Miriam brigava era uma colega de classe da qual fora muito próxima, mas que passara anos sem ver. Essa colega se revelara uma advogada brilhante e montara, com o marido, uma bem-sucedida banca de advocacia. Quando o marido se suicidou, a colega procurou Miriam, convidando-a para trabalharem junto. Ou seja, Miriam entrava no lugar do marido suicida da amiga, como sócia na banca de advocacia.

Miriam viu em seu convite uma oportunidade de recomeçar a trabalhar. A sócia sabia de suas condições e dispunha-se a atualizá-la e a ajudá-la nas tarefas profissionais.

As brigas logo começaram, em parte devido à atitude da sócia, que não agiu como prometera, desenvolvendo unilateralmente os trabalhos e, de certa forma, marginalizando Miriam. "Ela não me espera" – dizia-me, exasperada, inferiorizada pela rapidez e pela competência da amiga que, muitas vezes, senão todas, não parecia dispor-se a investir o tempo em reciclá-la e orientá-la nas atividades do escritório.

Passado um certo período de tentativas muito frustrantes, Miriam concluiu que a sócia não queria realmente integrá-la no trabalho. De sua parte, reconhecia sua inveja e competição em relação a ela, sentimentos que a deixavam totalmente imobilizada. Reconhecia que, mesmo assim, a sociedade tinha tido algo de bom, pois rompera com a imensa inibição que a paralisara profissionalmente durante anos. De qualquer forma, a relação com a sócia tinha-se esgotado; Miriam não a aguenta mais e refere-se a ela como *aquela que leva um suicida nas costas*.

Naquela sessão, Míriam contava o rompimento, que teve como desencadeante último uma desavença relacionada com o pagamento de uma dívida do escritório. Miriam diz ter convocado o marido – Daniel – para ajudá-la na despedida final, posto que ele é muito objetivo e calmo para essas negociações.

É nesse momento de seu relato na sessão que Miriam diz: "Daniel é ariano".

Aponto a frase como muito curiosa e chamativa, pois ambos, Miriam e Daniel, são judeus. Miriam diz não ver nada de extraordinário nisso, na medida em que se referia ao signo astrológico do marido, que é de áries (carneiro), como um signo considerado pacificador.

Digo-lhe que entendo que aquela fosse sua formulação consciente, mas que isso não anula outros significados e possibilidades de entendimento. A polaridade "judeu-ariano" não pode ser esquecida nesse momento e, por isso mesmo, insisto em sublinhar sua frase e perguntar-lhe o que lhe ocorre em relação a este problema, a briga entre judeus e arianos.

Miriam continua dizendo que tudo o que eu estava lhe falando era uma bobagem, mas, quase contra seu próprio desejo, surpreendida e a contragosto, termina por lembrar que dois dias antes tivera uma conversa muito tocante, durante uma refeição com a filha de doze anos, que veio lhe perguntar o que era ser judeu. Era a primeira vez que a filha perguntava algo assim, e ela ficou emocionada, sem saber o que responder. Ser judeu quereria dizer que se faz parte de uma raça específica, de uma religião, de uma cultura, de uma nacionalidade? À medida que ia falando Miriam lembra, meio perplexa, um outro episódio: no dia anterior àquela conversa, quando trazia em seu carro a filha e vários amiguinhos, pareceu-lhe que a ridicularizavam por ser judia, sem que a filha notasse, e ela ficou muito confusa, sem saber o que fazer. Talvez as perguntas da jovem viessem daí.

Nesse ponto, digo-lhe que, mais importante do que continuarmos a ver as evoluções de sua briga com a sócia, se impunha esta discussão sobre arianos e judeus, a qual a fazia lembrar determinadas conversas e situações com a filha. Estas, por sua vez, nos remetiam diretamente a seu passado e a sua educação judaica, muito influenciada por um avô ortodoxo, cujas lembranças Miriam reprimia e negava fortemente. De alguma forma, quando ela tinha dito "Daniel é ariano", algo dela, do mais íntimo de seu ser, algo ligado a sua identidade judaica, que tanto negava, estava em jogo.

Comentários

Este pequeno fragmento de análise parece extraordinariamente rico ao evidenciar vários aspectos da conflitiva de Miriam.

Uma coisa que para mim ficou clara durante toda a ligação com a sócia foi o aspecto especular, narcísico, de identificação que se estabeleceu entre ambas, centrado na tarefa terrível de *levar um suicida nas costas*. Miriam projetava na sócia tanto o lado sadio, capaz e produtivo, bem como o lado mais comprometido, a da que *leva um suicida nas costas*, pois, embora o suposto suicídio da mãe fosse negado por toda a família e toda vez que eu o mencionava era imediatamente refutado por Miriam, estava clara sua culpa. Ela *levava nas costas um suicida*, como dizia da sócia.

Ficava clara também sua identificação com a mãe suicida, pois Miriam *tomava o lugar que era o do suicida, o marido da colega*, na sociedade que estabelecia com ela. A identificação com a mãe suicida se evidencia, de muitas outras formas, em várias condutas e comportamentos, inclusive nos distúrbios alimentares, a anorexia.

A sociedade tumultuada, e finalmente impossibilitada, parece refletir uma situação interna, em que *aquela que leva um suicida nas costas*, ou seja, seu lado mais comprometido, identificado com a mãe suicida, está impossibilitada de qualquer crescimento. Esse lado que a paralisa, a chama para a morte e é responsável pelas inúmeras inibições sociais e profissionais, é onipotente, não tolera desobediências, como diz Rosenfelt, ao falar da "propaganda" que o lado psicótico faz, mostrando-se poderoso e idealizado, deixando a parte sadia da mente impotente e incapaz.

A separação poderia ser entendida como uma capitulação, uma mostra de como Miriam não estava, naquele momento, conseguindo enfrentar as fantasias ligadas aos pais, e, consequentemente, não poderia crescer e progredir. Seus projetos profissionais deveriam voltar a ficar sob repressão e inibição. A separação e o afastamento da sócia indicariam isso.

Num outro nível, essa sócia tão eficaz, poderosa, mas que não a *esperava*, abandonava-a à própria sorte, não a integrava ao mercado, atualizava a imago materna, desinteressada e descuidada em relação à filha, mas – talvez por isso mesmo – idealizada, vista como muito rica e cheia de coisas a dar. Por essa razão, maior a frustração, o ódio e a inveja sentidos por Miriam. Tal situação estava ligada à forma como ela me via naquele momento na transferência, portador de todo conhecimento e de toda capacidade, mas indiferente, sem *esperá-la,* sem cuidar o suficiente dela.

A impossibilidade de lidar com a culpa sentida por Miriam em relação aos pais também aparece na forma como seu deu o rompimento da sociedade. O motivo imediato ligava-se ao pagamento de uma dívida bancária, referente a um empréstimo realizado para executar melhorias na sede do escritório. Miriam achava que não devia pagar sua parte na dívida. Julgava que apenas a sócia deveria fazê-lo, já que fora a única a se beneficiar da firma. Talvez tudo isso esteja ligado à capacidade de pagar ou não a dívida fantástica que Miriam sente em relação a pais tão destruídos.

Para ajudá-la na discussão final com a sócia, Miriam recorre ao marido, pois, por ser *ariano*, teria muito mais condições de resolver o problema. Tal afirmação é extremamente curiosa, visto que *ariano* é o inimigo histórico dos judeus, na verdade, é seu exterminador. Dessa forma, a total ambivalência que prende a analisanda em seu círculo de aço se fecha: o mediador, aquele que vem trazer a paz, é também o exterminador, o assassino, o mentor da destruição.

Diante da culpa incomensurável frente aos pais destruídos (mãe suicida e pai gravemente perturbado), teme não poder pagar a dívida para com eles (o empréstimo bancário), tenta repará-los e salvá-los, mas, ao chamar o mediador, aquele que vai trazer a paz e a concórdia, sua ambivalência entra em cena, fazendo com que o mediador seja, simultaneamente, o exterminador. Assim, fica presa de um movimento pendular entre salvar ou exterminar os pais, o que termina por paralisá-la, impossibilitando o uso produtivo de suas capacidades. Tudo isso ficaria condensado e atuado na separação da sócia.

O curioso é que o reprimido retorna por meio da mesma porta pela qual foi expulso: o significante *ariano*. Ele traz todo o conflito novamente à tona, na medida em que relembra a conversa com a filha e faz Miriam entrar novamente em contato com esses aspectos de seu passado, ligado a suas lembranças de infância, as quais estava justamente tentando eliminar.

O rompimento de Miriam com a sócia, que representaria uma cisão e dissociação internas, uma impossibilidade de lidar com a realidade interna e sua necessária integração, tudo isso nos faz pensar que muito trabalho temos ainda à frente para que Miriam possa elaborar sua intensa ambivalência em relação aos pais e suas consequências deletérias, basicamente em termos da autopunição que se aplica sem cessar, impedindo-a de usar seus ricos potenciais de inteligência e de criatividade.

Essa impressão se confirma com o material que Miriam traz logo em seguida, quando relata uma briga violenta com uma outra amiga.

Miriam diz ter brigado com essa amiga por não aguentar mais as intromissões que ela costuma fazer em sua vida, seu costume de bisbilhotar e falar *coisas que ela* – Miriam – *não quer saber*, como ela mesma me diz. Miriam não acreditou e se irritou com os últimos mexericos trazidos pela amiga, o que desencadeou uma grande discussão entre ambas.

A briga com a amiga, aquela que diz *coisas que Miriam não quer saber*, é seguramente um deslocamento de uma briga comigo, seu analista, que também lhe diz *coisas que não quer saber*, coisas que teme saber, mais especificamente, todo seu conflito básico com os pais que teme ter destruído, do qual nos tínhamos aproximado significativamente nos últimos tempos em nosso trabalho.

Sentindo Miriam tão ameaçada pela proximidade desse conflito, que a fez separar-se da sócia e brigar com a amiga, pensei que poderia inviabilizar a análise caso insistisse naquela direção, visto que Miriam via minhas intervenções como exigências e julgamentos de um superego extraordinariamente sádico, o mesmo que a impedia de tentar reparar aqueles objetos, desde que os apresentava como irremediavelmente danificados.

Havia uma outra vertente no significante *ariano*. Miriam chamava assim seu marido, colocando-o no lugar do exterminador dos judeus. Ora, isso estava ligado às dificuldades sexuais que tinha, revelando prováveis e reprimidas fantasias sado-masoquistas, que interferiam penosamente em sua vida sexual.

Viu-se que todo esse grande emaranhado de ideias não foi mencionado para a analisanda durante a sessão em que ela pronuncia a frase "Daniel é ariano". Durante a própria sessão, pareceu-me mais importante mencionar a ruptura do discurso, que fazia supor a emergência de novos conteúdos, como de fato ocorreu.

Abandonando-se o relato da briga com a sócia, apareceram, mediante minha insistência, as lembranças da conversa com a filha sobre o ser judeu, o que, por sua vez, levou a seus inúmeros conflitos ligados a sua identidade judaica.

A discrepância entre a sessão e as construções que faço *a posteriori* mostra um trabalho de construção, uma perlaboração minha do material da analisanda. Muitas das ideias que aparecem nesta lucubração, e não na sessão, foram interpretadas anteriormente para a analisanda, ao longo do trabalho analítico.

A apresentação conduziria a um erro de perspectiva, que levaria o leitor a imaginar que o material apareceria nesta sequência clara e definida. Pelo contrário, aparece ele todo fragmentado, a ganga bruta misturada com o ouro, sendo a separação de um e outro, como diz Freud, o trabalho do analista.

Um outro elemento digno de nota, como técnica psicanalítica, está justamente na ênfase com que insisti sobre a frase "Daniel é ariano", desprezando o conteúdo que a antecedia. Se assim o fiz, guiava-me pela ideia de que a briga com a sócia, que vinha arrastando-se há meses, parecia, naquele momento, um material resistencial já conhecido, mastigado, repisado por Miriam, ao contrário do que aquela frase sugeria em mim, lembrando a grande repressão que a analisanda exercia sobre sua identidade judaica.

Ainda a esse respeito, é interessante constatar a necessidade de uma insistência por parte do analista sobre a frase, evidente emergência do inconsciente, para que seja apreendido seu sentido, ao contrário do que parece preconizado por alguns analistas que julgam suficiente sublinhar, apontar ou pontuar um ato falho, um *lapsus linguae*, deixando ao analisando o trabalho de desvendá-lo sozinho. Parece-me que tal atitude não considera suficientemente a força da resistência, que levaria rapidamente o analisando a ignorar tal "pontuação". Como vimos neste material, não tivesse eu insistido, a analisanda retomaria seu discurso, relatando a briga com a sócia. Nessa minha insistência aparece meu desejo de analista, mas também uma série de referências teóricas e técnicas, além de minha própria vivência como analisando. Esses elementos, todos eles juntos, me deram a convicção de insistir, acreditando na emergência de novos materiais, como lembrava que tinha acontecido comigo mesmo, quando, deitado no divã, contava minhas histórias para meu analista.

Sessão 11 – Marta

Marta está grávida e tem brigado muito com o marido. Nesta sessão ela volta a falar sobre isso.

– Aloísio está com muitas queixas de mim – diz ela. Ele acha que eu não ligo para o que ele fala; não dou importância ao que ele diz.

Marta já tinha falado sobre isso nas últimas sessões, e esse é o motivo pelo qual ele – o marido – tinha sugerido a ela que retomasse a terceira sessão semanal, que fora cortada, muitos meses atrás, por problemas financeiros. Na sessão anterior, eu tinha dito que não julgava necessária tal mudança.

Nesta sessão, Marta me comunica que Aloísio ficara furioso ao saber de minha posição, concluindo que, se eu tinha tomado tal atitude, esta se devia ao fato de não estar ela, Marta, dizendo-me tudo na análise, especialmente o motivo das queixas dele.

Novamente pergunto a Marta quais são estas queixas.

– Bom, na opinião de Aloísio – diz ela – eu continuo do mesmo jeito, tendo os mesmos problemas com minha família. Ele acha que eu sou muito ligada a minha mãe, que, na opinião dele, não liga muito para mim, esquece tudo que peço a ela. A última coisa que aconteceu nesse sentido foi com a roupa suja lá de casa, que, como você sabe, é lavada na casa de minha mãe. Esta semana eu tinha pedido para ela não se esquecer de mandar a empregada lavar a roupa. Pedi várias vezes, porque ela às vezes esquece. E ela esqueceu novamente. Não dei muita importância a isso, mas Aloísio fica usando uma coisa dessa para me colocar contra ela. – Ouvi calado o que Marta falou. Meu silêncio a fez voltar a falar, aparentemente mudando de assunto: – Continuo sem sentir a menor vontade de ter relações sexuais, o que deixa Aloísio ainda mais irritado comigo. Mas não é culpa minha. Acho que este

meu desinteresse é por causa dos hormônios. Mulheres grávidas não gostam de trepar.
— O que a faz pensar assim? — pergunto.
— Li em algum lugar — diz Marta.

Eu vinha ouvindo o que Marta me dizia e nesse momento me fiz as seguintes proposições: Marta está relatando brigas com o marido, que se queixa de que ela não lhe dá ouvidos, não liga para o que ele fala. De certa forma, tudo isso está diretamente ligado à possibilidade de aumentar o número de sessões e a minha recusa em atender a tal pedido. Estaria Marta queixando-se de mim, de que não ligo para ela, não dou ouvidos a seu pedido, queixa que traz disfarçada por meio da fala do marido? Estaria Marta vendo-me como a mãe que esquece seus pedidos, não querendo "lavar sua roupa suja"? Estaria ela sentindo-se excluída, desprezada e relegada a um segundo plano por mim e, por este motivo, invertia as posições e fazia o marido sentir-se assim?

Na verdade, somente naquele momento eu me dava conta que eu tinha recusado a possibilidade de dar-lhe mais uma sessão semanal de uma maneira que não me era habitual. Em vez de deixar o pedido em suspenso, examinar as formas pelas quais ele é retomado, tentar entender e interpretar tal situação antes de concretamente aumentar ou não o número de sessões — que é como sempre faço em tais circunstâncias —, eu simplesmente tinha dito para Marta que não achava necessário retomar o número anterior de sessões.

Pensando melhor a respeito disso, naquele momento, entendia que havia, sim, o tema da exclusão em jogo, mas não sabia quem era o excluído. Comigo, naquele momento, seu contato estava muito bom, afetivo, agradável. Tinha até mesmo chegado pontualmente à sessão, o que sempre lhe fora difícil. Mas, apesar disso, não me parecia que ela se aliava comigo para atacar e excluir o marido. Pelo contrário, seu tom leve e despreocupado fazia-me sentir também como que dispensável, como se também a mim ela excluísse. De certa forma, eu me identificava com Aloísio, sentia-me meio de fora, sem importância. Pensei que minha própria recusa de dar-lhe mais uma sessão semanal talvez adviesse daí, tendo sido uma resposta contratransferencial minha, uma pequena contra-atuação, por sentir que ela mesma não estava muito interessada, que aquela era uma reivindicação do marido, não dela. Feitas tais possibilidades interpretativas, mantive-me em silêncio, aguardando mais elementos.

Quando Marta falou "as mulheres grávidas não gostam de trepar", ela o fez de maneira tão decisiva, no tom de quem diz uma verdade universalmente aceita, que achei ter ali encontrado uma pista. Foi quando lhe falei:

– Veja, Marta. Talvez Aloísio tenha alguma razão no que diz. Ele se queixa de que você o exclui totalmente, não liga para ele, para o que ele diz, para o pênis dele, não quer transar com ele. Me parece que você está excluindo não só a ele, mas também a mim. É como se você nos excluísse a todos. Num primeiro instante, até poderíamos pensar que você me exclui como vingança por não lhe ter dado a outra sessão, como menciona seu marido. Poderia agir assim comigo por achar que eu agi como sua mãe frente a seus pedidos, eu os "esqueço", não quis "lavar sua roupa suja". Mas não me parece que essa sua atitude venha daí. Não me parece que você esteja especialmente preocupada com sua mãe nem muito ligada aqui na análise. Você parece não estar ligando para nada, a não ser para você mesma, sua barriga, sua gravidez. Agora que você está grávida, tem um filho na barriga, tem tudo, não precisa de nada.

– É, não preciso mais do zangão – responde Marta após ouvir o que eu tinha falado.

– Exatamente – respondo. Agora que está grávida, você é uma abelha rainha que não precisa mais do zangão, do marido, assim como não precisa do analista, da família, de nada.
– Isso me lembra da música da Maria Bethânia – diz Marta. E cantarola: "Oh, abelha rainha, faz de mim, instrumento de teu prazer"... Como é mesmo que continua? Ah, sim, é: "Instrumento do teu prazer e de tua glória".
– Sim, essa é a letra da música. Seu marido, eu, sua família, devemos todos agir apenas como instrumentos de seu prazer e de sua glória. Este é um momento de prazer e glória para você. Tem um rei na barriga; está completa, não precisa de nada.

Lembrei-me então das inúmeras vezes em que Marta se queixara de ser mulher, de como invejava diretamente os meninos e seus pênis, de como desejaria ter nascido homem, de como via o sexo masculino sendo o detentor de todos os privilégios. Disse-lhe então que em sua fantasia, agora que estava grávida, tinha tudo, estava completa, nada lhe faltava.

– Pois é, estou chocando um ovo, vem um pintinho – responde com ironia.

– É verdade; é como se finalmente realizasse o antigo desejo de ter um pênis, como tantas vezes falamos aqui – respondo.

Agora que reconhecia ter descartado seu pedido de retomar o número anterior de sessões como uma resposta contratransferencial à sua atitude de cortês indiferença em relação a mim, eu recuperava algumas queixas do marido, ouvindo-as de outra forma, pois até aquele momento também eu, tal como Marta, não as tinha escutado com atenção. Essa minha atitude, eu via naquele instante, era semelhante à minha recusa de retomar o número anterior de sessões.

– O que estamos vendo agora me faz lembrar que um dos maiores motivos de suas brigas com Aloísio é sua dificuldade em arrumar a casa, ajeitar o lugar para seu filho, preparar o quarto dele. Talvez faça isso por se ver como uma abelha rainha, com um rei na barriga, como se o bebê não precisasse sair, ter um lugar fora, separado de você.

– É, esse é um dos motivos mais frequentes de nossas brigas. Aloísio tem tido várias ideias para reformar a casa, para acomodar o bebê, e eu não consigo ouvir, não me interesso. Ontem mesmo fomos visitar uns amigos cujo filho nasceu agora e vi lá o que eles fizeram na casa deles. Foi aí que me apercebi de que as ideias de Aloísio são bem razoáveis, interessantes, factíveis. Vamos ter de fazer as alterações. – Marta fica um pouco em silêncio e continua: – Ontem fui à casa de uma amiga que chegou do exterior. Eu tinha encomendado um presente para Aloísio, uma caneta Montblanc. Lá encontrei uma prima dela que tinha ido buscar uns remédios para a doença de *Parkinson*, os quais o pai dela usa e não são vendidos aqui no Brasil. Conversamos bastante sobre a doença de *Parkinson* – os tremores, a cara paralisada. O pai dela tem piorado bastante. Ela mesma dizia ter muito medo de ficar doente com *Parkinson*. Fiquei muito impressionada e também com medo de ter *Parkinson*. – Marta fica um pouco em silêncio e logo continua:

– É, fiquei com muito medo de ter *Parkinson*... Será que tenho medo de ter um filho mongol e disfarço pensando que vou ter *Parkinson*?...

Novamente fica em silêncio, até dizer que não consegue tirar o *Parkinson* da cabeça.

Eu não conseguia ver a ligação que isso poderia ter com o que estávamos falando até então. Mas a insistência do significante *Parkingson*, o ter ela ficado angustiada com a fantasia de estar com essa doença e o fato de ser professora de inglês me deram uma ideia que resolvi testar.

– Será que você já *está* com a doença de *Parkinson?* Só que num sentido muito específico: *Parkingson, Parking son, Parking of the son* – "estacionamento" do filho. Estávamos justamente falando antes como você age como se seu filho fosse ficar *estacionado* permanentemente dentro de você, deixando-a completa, cheia, com prazer e glória, sem nada lhe faltar, tão completa quanto julga serem os homens. Talvez seja por isso que não se preocupa em arrumar sua casa, arranjar um canto para o bebê. Não quer que ele saia, para não perder esta completude tão ansiada. Perdê-lo significaria ficar com *Parkinson*, doente, fraca, o contrário de ser a portadora do "prazer e glória".

Marta me ouve com atenção e responde rindo:
– *Parkinson*, estacionamento do filho... Que engraçado, não tinha pensado nisso. Marta fica em longo silêncio e depois volta a falar:
– Na madrugada de hoje, acordamos com um enorme barulho no quintal. Foi meu gato. Ele tinha caído dentro de um tonel onde guardo umas latas e não conseguia sair de lá. Ficava tentando e caía em cima das latas, fazia um barulhão.

Em muitas ocasiões anteriores, Marta tinha falado de seu gato. Digo-lhe então que ela estava mostrando sua dificuldade em deixar de cuidar do gato, que, como vimos muitas vezes em situações anteriores, representava um "brincar de ter filhos", para se dispor a cuidar de filhos de verdade. Uma das dificuldades, a que estávamos vendo naquele momento, era tolerar que o filho pudesse se desligar dela e ficar fora dela. Não era por acaso que ela estava falando agora sobre o tonel de onde o gato não podia sair. Essa imagem lembrava de novo a desejo de reter o bebê na barriga, de ser uma *Parking-son-iana*.

Comentários

O material da analisanda mostra as fantasias narcísicas típicas da mãe grávida, onipotente, distante do marido, da família, do analista, por julgar-se agora em *prazer e glória*, completa, portadora do falo, do qual não quer desfazer-se, separar-se, não tolerando a castração que tal separação representaria.

O marido tenta sair do papel de "zangão" dispensável e separá-la do filho, como Lacan descreve na segunda fase do Édipo, ao lembrá-la das necessárias modificações a serem feitas na casa para receber seu novo habitante, coisa que a analisanda não consegue ouvir.

A angústia que aparece ao conversar sobre *Parkinson* com a amiga, o medo da doença, dos tremores e das paralisias, talvez aponte como vive a futura separação do filho, o próprio parto, como a temida e evitada castração perigosa e destrutiva.

A insistência do significante *Parkinson* em seu relato e o fato de declarar que este não sai de sua cabeça, o que ela interpreta como deslocamento do medo de que o filho seja mongoloide, mais parece uma projeção sobre o filho – agora mongoloide, ou seja, castrado, mutilado, defeituoso – de sua angústia frente ao parto, vivido como mutilante e castrador. Nesse sentido, ter *Parkinson* é estar castrada, mutilada, sem o bebê-falo. O curioso e que tal significante comporta também o sentido contrário, como já vimos, o de ter dentro de si, para sempre "estacionado", seu bebê-falo.

Ao lhe ser mostrado tudo isso, é interessante como responde a analisanda com uma associação que parece confirmar a construção – a imagem claustrofóbica de seu gato (uma clara representação do filho, posto que muitas vezes tínhamos visto antes como "brincava de ter filhos" com o gato) preso no tonel do qual não consegue sair .

De importância fundamental é o fato de que tudo isso pode ser interpretado a partir da compreensão da reação contratransferencial que me tinha feito sentir excluído e sem importância.

Após essa sessão, a analisando pôde dar maior atenção às reivindicações do marido e preparar o lugar do bebê, com isso demonstrando ter superado as resistências internas – desejo de reter o bebê-falo – que a impediam de assim agir.

Sessão 12 – Olga

Olga está em análise há quatro anos. Além da depressão desencadeada pelo casamento da filha única, veio para análise por sentir dores durante o ato sexual, o que a fazia evitá-lo – um dos muitos motivos de crônicas brigas com o marido. As duas sessões que apresentamos aqui parecem bem ilustrar as vicissitudes de Olga em torno de sua feminilidade. Olga nascera no Canadá. De lá vieram para o Brasil em função do trabalho do pai, que aqui fixou moradia há muitos anos.

Alguns antecedentes imediatos das sessões aqui descritas se referem ao fato de Olga trazer um sonho em que dirigia um estranho ônibus vermelho, antigo. Parecia-lhe um daqueles ônibus de dois andares de Londres, um *double-decker*. Tinha de conduzi-lo numa íngreme ladeira, e não sabia se conseguiria. Para tanto, envolvia seu corpo com umas tiras de couro que lhe lembravam o arreamento de um cavalo preparado para puxar uma carruagem a ser conduzida por rédeas pelo cocheiro. No sonho, Olga pegava então as rédeas que curiosamente circundavam a ela mesma e conseguia dirigir o grande ônibus.

Após ouvir suas associações, interpretei, levando em conta que no sonho parecia estar arreada como um cavalo de carruagem e era também o condutor com as rédeas na mão, seu desejo de dirigir a si mesma, de não mais precisar de minha ajuda, da análise.

Tal interpretação desencadeou uma reação que me surpreendeu. Olga entrou numa enorme angústia, chorando sessões a fio, até que eu atinasse com o que se passava. O que vim a entender é que Olga tinha tomado minha interpretação como uma declaração de não mais querer analisá-la, como uma verdadeira expulsão da análise. Supunha que eu estava com muitos novos analisandos e com grande desinteresse pelos antigos. Passou a pensar que eu também dava grande preferência a analisandos homens, a quem eu trataria muito melhor.

O que tinha provocado tal reação de Olga era o fato de ter eu feito uma pequena troca em um horário seu: ocupei uma de suas horas com outro analisando, cedendo a ela o horário imediatamente subsequente. Isso fez com que se encontrasse sistematicamente com o analisando – um homem jovem – que ocupava seu antigo horário. Em outros horários, quando não encontrava os analisandos que a antecediam, passou a acreditar que eram também homens, meus *preferidos* na sua fantasia. Procurava justificar tal ideia por meio de indícios que julgava encontrar na sala de espera: a ausência de perfume que indicaria uma presença feminina, a forma como um cigarro tinha sido esmagado no cinzeiro.

Primeira sessão

Olga chega atrasada, o que não é absolutamente seu hábito, e diz, mais uma vez, que não quer vir às sessões. Quer interromper a análise.

Relembrando o incidente da troca de horário e os desdobramentos que tínhamos descoberto, digo-lhe que, por temer que eu a abandone, ficando com meus novos analisandos homens, preventivamente me abandona.

Nesse momento me dou conta de sua insistência de que prefiro os analisandos homens e me lembro de que ela não tinha irmãos homens, e sim uma irmã. Apercebo-me que esse fato nunca tinha sido trazido até então por ela. Pergunto-lhe, desse modo, como era o fato de não ter irmãos homens, como isso era vivido em sua família, coisa que ela nunca tinha mencionado.

Para minha surpresa, Olga diz algo até então omitido nesse seu período de análise:

– Como você sabe, sou a primogênita. Quando eu tinha dois anos, nasceu um irmãozinho homem, que logo morreu. Quando eu tinha quatro anos, nasceu Márcia. Dois anos depois, quando eu tinha seis anos e Márcia dois, novamente minha mãe deu à luz um outro menino, que também morreu. É engraçado, pois me lembro do nascimento de Márcia, quando eu tinha quatro anos, e não me lembro do nascimento e da morte desse irmão, quando eu já tinha seis anos. Por outro lado, sempre achei que minha mãe teria preferido que Márcia fosse um menino...

Pergunto-lhe se sabia alguma coisa a respeito da morte dos dois irmãos recém-nascidos. Olga diz ter uma vaga lembrança de ter ouvido que eram "grandes demais", e, assim, tiveram problemas no parto. Entretanto, diz ela, "minha mãe lamentou a vida inteira ter perdido tais filhos homens".

Vejo como muito sintomático o esquecimento desse importante dado de sua história. Já é significativo que não se lembre do nascimento e da morte do segundo irmão, fatos que ocorreram quando já tinha seis anos. Além do mais, era-lhe impossível não lembrar isso que ela acabara de me dizer, ou seja, *que a mãe tinha lamentado a vida inteira esta perda*.

Digo-lhe então que sua insistência em afirmar que eu não a quero atender mais, o entender minha interpretação sobre seu sonho como uma rejeição, elementos que fazem com que queira até abandonar a análise, os quais se ligam com sua fantasia de que tenho preferência pelos analisandos homens – tudo isso deve estar ligado com essa sua vivência de que sua mãe lamentara a vida inteira a perda dos dois filhos homens, o que a fazia pensar que ela os teria preferido às filhas mulheres.

– Quem sabe um dos motivos de tantas dificuldades que você tem com sua mãe é esse, e o que acontece aqui no momento parece repetir essa situação – tiro seu lugar para dar para um "filho homem", a quem prefiro. Como se seus dois irmãos mortos reaparecessem aqui, recebendo todas as atenções devidas – disse-lhe.

Como se não tivesse ouvido a construção que eu acabara de lhe dar, Olga me diz ter encontrado *Ana* na sala de espera e que ela está péssima, cada dia pior. Que faço eu com ela para que fique tão ruim assim? *Ana* era uma analisando que tinha o horário anterior ao seu num dos dias em que vinha para a análise e a quem Olga tinha atribuído este nome, *Ana*, por considerá-lo apropriado para uma mulher recatada e simples, como imaginava ser essa pessoa.

Mostro para Olga que, na sua fantasia, não cuido bem de minhas filhas mulheres – eu as maltrato, elas são preteridas, estão muito mal: uma (ela mesma, Olga) é expulsa por mim, a outra – *Ana* – vai muito mal, vive chorando. Tudo que tenho de bom vai para os filhos homens.

Assim, foi possível fazer uma construção que deixava muito claro o momento tumultuado que Olga vivia na análise, reatualização na transferência, de seu antigo ressentimento contra a mãe, pelo amor que ela dedicava aos filhos homens natimortos, cujo luto talvez nunca conseguira realizar inteiramente. Contra essa situação, Olga se via impotente. Não podia competir com eles, tanto por estarem eles mortos, como por ser mulher. Ao aceitar a troca de seu horário e ver o analisando em seu lugar, revive fortemente não só o sentimento de ser preterida, mas também o ódio contra os irmãos mortos. A fantasia de ser expulsa da análise tem uma outra significação. Seria uma merecida punição, pois talvez na fantasia acredite ter matado os irmãos homens.

Aquela situação me dava a oportunidade de ressignificar, *a posteriori*, algo que Olga tinha dito muitas vezes anteriormente. Ela dizia que achava que eu só tinha analisandos mulheres, e mulheres *de um determinado tipo, elegantes*. Eu lhe mostrava como ela se autoelogiava em se incluir na categoria das *mulheres elegantes*, ao mesmo tempo em que talvez rivalizasse com elas. Ficava claro agora que essa fantasia a ressegurava de ser eu como uma mãe que gosta de filhas mulheres e as preferia inteiramente, recusando-me a ter filhos homens. Essa fantasia era tanto mais chamativa por chocar-se contra a realidade imediata, pois, na época em que falava isso – época que antecedeu a atual, quando fiz a troca de horários – , ela se encontrava semanalmente com pelo menos dois analisandos homens. Entretanto, esse encontro sistemático não desencadeou a violenta reação que o outro analisando homem provocou, provavelmente por estar ele ocupando diretamente o horário que era o seu.

Segunda sessão

Na sessão seguinte a essa, Olga entra falando que chegou muito cedo, mas não entrou no prédio de meu consultório. Fora tomar um cafezinho na esquina, ficara andando pelo quarteirão para passar o tempo até a hora da sessão. Na rua voltou a encontrar um rapaz que julga ser meu cliente.

Está muito curiosa em saber como vou passar o feriado que se aproxima. Quer saber se vou viajar ou não, e, em ambas as alternativas, o que iria fazer. Como não obtém as respostas desejadas, mostra seu desejo de controlar-me, dizendo:

– Como você se lembra de tantos analisandos? Eu agora anotei. Na segunda-feira, antes de mim, tem a senhora loura e depois a *Ana*. Na quarta-feira não sei quem vem antes, mas sei que depois de mim é a senhora velha. Na sexta-feira, antes vem o rapazinho, que é o bancário, e, quando saio, tem o japonês.

– Rapazinho que provocou uma verdadeira revolução aqui – sublinho, referindo-me à troca de horário que tantas consequências provocara, como vimos acima.

Como se não me ouvisse, Olga continua:
— Você se lembra de todos os analisandos ou tem de ler na agenda?... — Após um silêncio, continua: — Telefonei para minha irmã Márcia. Ela ficou contente com minha ligação, mas não gostei. Ela não estava nada bem, gritava ao telefone. Está novamente com problemas com o marido. Ele voltou a beber muito. É um problemão. Me pediu dinheiro emprestado. Ela pensa que sou um banco, vive me pedindo dinheiro. Diz que sou boazinha. Tenho ódio de ser a boazinha. Tenho mais dinheiro que ela, mas não é como ela pensa. Ela pensa que sou milionária. Contei para ela que talvez viaje para a Europa e ela já ficou com cara de inveja... — Fica em silêncio e em seguida me conta um sonho: — Ah, tive um sonho. Eu tinha um *corpo de boneca*. Aí vinha um vento *e fazia erosões* no meu corpo e me *moldava inteirinha*, e eu ficava com o *corpo de um ser humano.*

— Como assim?

— O vento fazia *sulcos*. Não conhecia essa palavra; fui olhar no dicionário.

— Como?

— Me lembra Pinócchio, que tinha corpo de *boneca* e ficou gente depois.

— Boneca ou boneco?

— Ah, em português existe *boneco*? Em francês é uma palavra só. *Poupée*... Não, não é verdade, me lembro agora de que existe o masculino para essa palavra, que é *poupon*. É, é diferente... Mas o vento me moldou as formas, me deixou com seios, com corpo de mulher.

— Sim, deixou-lhe o *sulco* da vagina, os seios, a forma de mulher, pois bem sabemos que até há bem pouco tempo os corpos de boneco/a eram assexuados. Não tinham nem pênis nem vagina. Quando você se lembra de Pinócchio, ele deixa de ser um boneco e passa a ser um menino, com pênis. Aliás, é curioso que você mencione justamente Pinócchio, com seu protuberante nariz-pênis marcando a masculinidade de forma muito evidente. Você, no sonho, como ele, tem corpo de boneco/a, assexuado. Depois o vento cava-lhe o sulco da vagina, assim você assume seu corpo de mulher. Pergunto-me se todas as questões sobre as diferenças entre o corpo feminino e o masculino não estariam ligadas com o que vimos nas sessões passadas, sobre a preferência da mãe pelos filhos homens.

– Bem, de fato, minha mãe falava sem parar dos filhos homens que tinha perdido; os filhos homens poderiam manter a casa. Eu morria de medo de ser homem; eu achava bem melhor ser mulher porque assim eu não tinha a responsabilidade imensa de cuidar dela, de sustentá-la. Para minha mãe, só os homens valiam alguma coisa; as mulheres eram totalmente inúteis.

– Ter pênis ou ter um sulco. Ser homem ou ser mulher. Talvez você esteja dizendo que ser mulher sempre foi algo muito desprezado por sua mãe e que você mesma adotou essa opinião. Apenas os filhos homens merecem o amor e o carinho. Talvez comece a ficar mais claro para você que você pode ser querida e valorizada enquanto mulher. Não precisa manter para sempre essa visão trazida de sua infância.

– Não entendi.

– Refiro-me a uma visão depreciativa sobre o ser mulher... Até que ponto as dores que você sente na relação sexual não vêm daí, de uma negação da posse de um sulco que lhe caracteriza como tal, que permite a penetração de um pênis. As dores nas relações sexuais terminaram por impossibilitá-las, como se não houvesse um sulco, uma abertura no seu corpo que pudesse ser prazerosa, restando-lhe apenas a frigidez e as lutas de poder com seu marido.

– Você nunca vai entender. As dores não tinham nada a ver com as relações sexuais... Ou tinham? Não sei... No meu sonho é como se eu tivesse nascendo de novo, eu quisesse começar tudo de novo, sem dores.

– Faz muito sentido. É como se fosse o nascimento da mulher, que o vento, o sopro de Deus criou, como se você quisesse recomeçar sua vida sexual, como se o ser mulher não fosse algo tão humilhante e desprezível.

Comentários

A partir de uma interpretação e um pedido de troca de horário, Olga sente-se rejeitada por mim. Atribui-me com insistência a preferência pelos analisandos homens. Isso permite uma construção na qual se recupera um aspecto até então reprimido de sua história: a morte de dois irmãos recém-nascidos Ao ser reatualizada essa situação na transferência, volta a temer o poder de seu ódio ciumento em relação aos "irmãos", o que poderia causar-lhes a morte. Daí querer deixar a análise ou colocar-se com certa estridência no papel de filha rejeitada.

Por outro lado, a depressão da mãe, que parece nunca ter feito um luto adequado por essas perdas, fez com que Olga sentisse que ela a depreciava como filha mulher e, por extensão, a própria feminilidade. Sintomas de longa duração, como a frigidez e a dispareunia (dor no coito) que praticamente impossibilitava a penetração, parecem ligados a isso. Essa impossibilidade orgástica também poderia ser o castigo que Olga se aplicava, na medida em que se culpava pela morte dos irmãos.

É interessante como, no sonho, utilizando a diferença de língua, aparece claramente a angústia frente à diferença sexual, ao masculino e ao feminino, ao castrado e ao não castrado – a versão infantil da diferença anatômica entre os sexos. Olga se vê inicialmente como alguém assexuado, não sabe se é um boneco ou boneca (*poupée/poupon*). O desconhecimento da palavra *sulco*, que Olga procurou no dicionário, está ligado com a negação da vagina, por estar ela fixada aos modelos infantis que a fazem desprezar o *sulco* e desejar o pênis, com o de Pinócchio, já que são seus detentores aqueles que são os exclusivos objetos de amor da mãe.

Vemos que, no sonho, o vento provoca o *sulco*, deixando-a com o corpo de mulher. Isso parece ser uma nova elaboração que indica uma possível reconciliação com sua feminilidade, desde que sente que esta não é aqui depreciada.

Claro que os sintomas de Olga não cederão com essas descobertas, mas essas interpretações e construções permitem que se estabeleçam novas vias de conscientização do conflito inconsciente, fazendo-a constatar a importância das vivências infantis e da linguagem enquanto veículo privilegiado para a emergência do reprimido.

Sessão 13 – Lindaura

Lindaura chega à sessão muito nervosa, ansiosa, deixa cair o cigarro aceso no carpete e preocupa-se caso o tenha queimado, pois não o achou imediatamente. Atribuí seu nervosismo às interpretações do dia anterior, as quais mostravam seu interesse amoroso e possessivo em relação ao analista, material que apareceu em associações ligadas a uma das músicas de Chico Buarque, que diz: "Oh, metade adorada de mim". Acha que tudo foi uma bobagem, nega a interpretação e fica em silêncio por longo tempo, até falar:
– Não sei mais o que falar... Deveria ter trazido um crochê para fazer aqui... Você não fala, eu também não, assim, com o crochê, eu não perderia tempo... – Pergunto-lhe se sabe fazer crochê, ao que responde, para minha surpresa, negativamente. Após outro silêncio, diz: – Você deveria por uma lâmpada de bronzear aqui... Eu não falo, você também não, eu aproveitaria o tempo bronzeando-me.

Lindaura fala de maneira francamente irônica e irritada, superior.

Digo-lhe então que é curioso que ela tenha querido trazer um crochê para fazer aqui, quando é algo que não sabe fazer. Ela concorda e diz não saber de onde tirou tal ideia. Continuo dizendo que está muito assustada frente ao que vimos na sessão anterior e se vê ora como uma velhinha fazendo crochê, ora como uma jovem bronzeando-se, em roupas sumárias, como sucede com alguém que vai bronzear-se. Quem sabe gostaria de se exibir para mim, bonita, bronzeada, em trajes de banho.

Lindaura acha absolutamente ridículo o que lhe disse. Queixa-se de eu ficar "inventando um monte de bobagens" e fica calada por um certo tempo. Diz-me então que conseguiu lembrar-se de onde veio a ideia de bronzeamento. Vai dizer-me e com isso quer provar como estou redondamente equivocado, confirmando que sua fala anterior não tinha nada a ver comigo nem com a análise. Conta-me então que, alguns dias atrás, seu marido lhe falara mais uma história de seu amigo *Sérgio*, um dono de uma agência de modelos o qual tem vida sexual muito promíscua. A última é que ele descobrira na rua Augusta um local onde se faz bronzeamento artificial e passara a mandar todas suas modelos, com as quais invariavelmente se envolve sexualmente, ali se bronzearem, pois acha que assim ficam muito mais atraentes.

Mostro para Lindaura que, ao tentar me contradizer, na verdade me confirmava a interpretação. Ali lutava contra fantasias eróticas que poderiam "incendiar" o consultório, concluí fazendo uma menção ao cigarro que caíra no carpete. Eram fantasias em que se via bronzeada, exibindo-se para que o *Sérgio* a observasse e se interessasse sexualmente por ela. Por outro lado, também revelava um certo ciúme deste *Sérgio* "promíscuo", que tem tantas outras mulheres (analisandos). Por sentir-se embaraçada e ameaçada com tais fantasias, tenta tranquilizar-se imaginando-se uma velhinha que faz crochê ou adotando uma atitude irritada ou irônica.

Comentários

A ansiedade de Lindaura é evidente para ela mesma, assim como seu tom irritado e agressivo. Ela própria atribui seu estado à sessão anterior. Poder-se-ia ficar aí, reforçando sua autopercepção de mal-estar, mostrando que, por estar assustada, parte para uma atitude agressiva, de desprezo e descaso, achando perda de tempo a sessão, sendo bobagens tudo o que o analista diz, etc.

Pensando no determinismo psíquico, que pressupõe a existência de uma lógica interna e que se evidencia numa sobredeterminação no acontecer psíquico e no discurso do analisando, procuro descobrir o elo entre "fazer crochê" e "bronzear-se". Também me tinha chamado atenção o fato de Lindaura propor-se a fazer algo que, de fato, não poderia fazer (quando pergunto se ela sabe fazer crochê e ela diz que não). Tais incongruências ou falhas no discurso são aspectos a serem pesquisados.

Isso me faz pensar até que ponto o que se chama "intuição", esse misterioso e inapreensível condimento da cozinha analítica, não seria mais que a mera aplicação de princípios teóricos, se não seria justamente a apreensão, por parte do analista, do *fio lógico* mencionado por Freud, o qual se evidencia nas fantasias, nas associações livres do analisando.

O que fiz então foi desenvolver dentro de minha própria mente – num trabalho em que concorrem o inconsciente e a consciência – os possíveis elos de ligação lógica, dando amplo desenvolvimento às proposições que a analisanda trazia de maneira truncada. Pude dar este desenvolvimento por não apresentar, neste material e neste momento específico, as mesmas repressões que a analisanda tinha. Caso coincidissem minhas repressões com as da analisanda, constituir-se-iam pontos cegos meus, e é a isso que chamamos de "contratransferência". Ao completar então um nível de compreensão, salta à vista claramente um conteúdo, um significado que me esclarece a posição transferencial que a analisanda me coloca naquele momento.

Vemos também neste exemplo que o guiar-se pelo afeto que a analisanda apresenta conscientemente é o mesmo que guiar-se pelo material manifesto.

Sessão 14 – Edna

Edna chega a uma sessão e se declara muito feliz por ter feito algo que há anos não fazia: fora ao cinema sozinha. Até então dependia do marido para tanto, e este, ocupado e não apreciador do gênero, dificilmente a levava para ver filmes. Claramente atribui isso à análise e implicitamente agradece a mim. Diz ter ido assistir a *Hanna e suas irmãs* e passa a relatar aspectos do filme, detalhando alguns momentos do enredo, fazendo comentários sobre Woody Allen e sobre outros filmes dele.

Chamou-me atenção, entretanto, o fato de Edna não ter se referido a um dos aspectos mais importantes da trama – o fato de todas as irmãs trocarem de marido umas com as outras, ou seja, cada uma delas se envolve com os cunhados. Aponto o fato para Edna, dizendo como é chamativo que tenha conseguido falar do filme inteirinho evitando uma das linhas centrais dele. Tal omissão me parece sintomática, fruto de uma repressão a ser investigada.

Edna sorri contrafeita e diz que não tinha notado. Eu lembro que, tempos antes, durante as primeiras entrevistas, Edna me dissera ter tido um caso extraconjugal muitos anos antes, acrescentando que preferia não entrar em detalhes naquela ocasião, evidenciando grande embaraço ao dizê-lo. Ao ouvir seus comentários sobre *Hanna e suas irmãs*, logo recordei esse episódio e pensei que a omissão dele no relato do filme não era imotivada, e sim sobredeterminada; então lhe disse: "Será que você está me dizendo que teve um caso com seu cunhado e que esse é um fato que tem sido muito difícil de carregar? Estaria me dizendo que – assim como foi ver o filme – até poderia ver isso agora aqui, se não tivesse tanto medo de minha reprovação?".

Edna se cala até o final da sessão e na seguinte me diz imediatamente ao chegar: "Você acertou". E passa a relatar seu sofrimento naquela ocasião, pois seu caso com o cunhado tinha sido descoberto por uma prima que passara a desprezá-la acintosamente.

Comentários

Edna conscientemente me agradece, apresentando como uma conquista da análise o fato de estar indo ao cinema. Poderíamos interpretar a gratidão e alegria da analisanda com os progressos da análise e não teríamos entendido que tudo não passava de um aplacamento frente a um analista vivido persecutoriamente, que poderia censurá-la e castigá-la, como logo se viu.

A partir de uma escuta descentrada, que privilegia o esquecido, a dúvida, aquilo que aparentemente não tem importância, chegou-se a uma pequena construção que trouxe inúmeros esclarecimentos não só sobre o período mais recente da vida da analisanda, no caso a culpa em relação à irmã e a angústia por ter uma prima tomado conhecimento do fato, figura que atualizava no analista, como também tornou possível entender vários outros elementos do passado mais remoto de Edna e como tudo isso se refletia em seus sintomas atuais. Dessa forma, por não apresentar as mesmas repressões que a analisanda – para mencionar a contratransferência –, foi possível completar as falhas do discurso, preencher claros, com elementos que ela mesma me tinha fornecido, "esmigalhados", "triturados" ao passarem pelo "desfiladeiro da consciência", e pude recompô-los "como se fosse um quebra-cabeça chinês", para usar algumas imagens do próprio Freud.

Sessão 15 – Juliano

Juliano, em véspera de férias de análise, me conta um sonho ao chegar à sessão: "Hilda ou Marta, uma delas, me dá duas meninas para eu transar. Elas se sentam obedientemente na cama. Vejo-as de frente e de perfil. São asiáticas e gêmeas".

Sabendo que Hilda e Marta são duas das muitas namoradas de Juliano, pergunto-lhe o que o sonho o faz lembrar, pedindo associações para vários elementos dele.

Juliano diz que o local lhe lembra um quarto antigo, de pé direito alto, de um bordel no Bixiga, no qual transava quando adolescente e jovem adulto. Ia lá com a turma do bairro onde morava.

Ao fato de as meninas serem asiáticas, diz que com certeza não seriam chinesas ou japonesas. Talvez fossem coreanas, cambojanas ou vietnamitas. Pergunto-lhe como pôde fazer uma especificação tão acurada. Responde que essas últimas raças são mais escuras, não são tão brevilíneas e são mais bem conformadas e proporcionadas que os japoneses.

Juliano lembra então o filme *Emanuelle*, no qual aparecia um bordel onde havia uma menina que fumava cigarros com a vagina, o que a transformava na atração maior da casa.

Pergunto a Juliano o que "gêmeas" o faz pensar. Lembra os gatos siameses de Antoine, um velho conhecido. Os gatos são tão iguais que se tem de "pedir a identidade" deles, referindo-se ao sexo, para poder identificá-los. A gata pariu recentemente seis gatinhos.

Lembra que esteve recentemente com Antoine, que tem ido assiduamente a seu escritório, insistido para saírem juntos, o que muito incomoda a Juliano.

Ao falar de Antoine, lembra que coreanos, cambojanos e vietnamitas foram povos que habitavam antigas possessões coloniais francesas. Isso o faz lembrar a Argélia, os argelinos e o fato de Antoine ter feito parte da guerra suja da Argélia. Ele teria matado ou torturado gente. Soube disso por um amigo comum. Não ficou propriamente surpreso, dado que o passado de Antoine sempre foi muito misterioso.

Pergunto o que acha disso e Juliano responde que Antoine sempre foi pessoa ligada à direita radical, um verdadeiro fascista, fato que lhe provoca extraordinária aversão.

Aponto-lhe então como é surpreendente que tenha tanta aversão por uma pessoa a quem tão recentemente ajudou de maneira extraordinária, pois, na semana anterior, Juliano me tinha dito ter emprestado uma grande soma de dinheiro para Antoine iniciar um negócio próprio.

Juliano diz que o fez para ajudar uma pessoa que é francamente desequilibrada. Respondo que só fica mais inconsistente sua motivação. Diz então Juliano que Antoine lhe desperta muita curiosidade, por falar de algo – o nazismo, o fascismo – que foi tão importante na vida de sua família. Seus pais, como sabia, tinham sido militantes da esquerda e tiveram a vida diretamente marcada por esse engajamento.

Disse-lhe então:

– Semana passada você se perguntava o que o teria levado a ter uma atitude tão generosa com Antoine. Tínhamos visto como o fato de Antoine falar uma língua de sua infância, algo tão ligado a seu passado, a seus pais, tinha sido um fator importante, como se com isso resgatasse algo deles. Agora avançamos um pouco mais. De certa forma, Antoine seria alguém com quem seus pais jamais teriam contato, jamais teriam algum vínculo ou amizade. Você o faz, tem uma certa amizade e, mais ainda, dá-lhe uma enorme ajuda. Por que agiria assim? Seria para discriminar-se de seus pais, numa tentativa de romper este vínculo de irmãs siamesas que tem com eles, um vínculo de completa fusão com eles que mantém até hoje? Seria uma forma de agredir seus pais, aliando-se a alguém que representaria um inimigo para eles?

Juliano fica em silêncio um largo tempo e diz:

— Antoine é petainista, um traidor. Defende ardorosamente suas posições. Diz que a História é escrita pelos vencedores, pela esquerda. Como teria sido se a direita tivesse ganho? Petain, diz ele, evitou sangue, evitou a guerra na França... Engraçado, lembrei agora essas notícias sobre o julgamento de Klaus Barbie. Tantos equívocos, traições da Resistência, o julgamento dele está mexendo em algo muito perigoso e incômodo.

Digo para Juliano:

— Talvez sinta o rompimento desta relação siamesa que tem com seus pais, especialmente com sua mãe, o separar-se deles, o discriminar-se deles, o poder se casar com Hilda ou Marta como uma traição, um abandoná-los. Diz que tudo o que mexemos aqui e agora é incômodo, perigoso, doloroso, como as lembranças que o julgamento de Barbie estão provocando na França. Estamos às vésperas das férias e talvez sinta nossa relação também como siamesa, muito íntima e, assim, você me acusa de ser duplamente traidor, por abandoná-lo sozinho e por mostrar coisas dolorosas de sua vida, de seu relacionamento com seus pais.

Comentários

Juliano morou na França muitos anos antes de vir para o Brasil. É filho único de pais vivos e extremamente ligado à mãe.

Esta sessão foi ocupada quase inteiramente pelo relato de um sonho. O sonho como "via régia" para o inconsciente, produto de condensações e deslocamentos, tal como outras formações do inconsciente, tem um lugar privilegiado na escuta analítica. Essa escuta hierarquiza tais aparições e detém, de certa forma, a associação livre, pois esta privilegia a emergência dessas formações. Quando isso ocorre, o analista se debruça sobre elas, entendendo-as como qualitativamente diferentes das demais comunicações do analisando.

Vemos como as associações vão formando uma trama – as orientais são irmãs siamesas e levam diretamente a uma problemática central da vida de Juliano: suas relações simbióticas, especulares, narcísicas com os pais, especialmente com a mãe, as quais tiveram grande peso no fato de não ter ele conseguido se casar. Suas atitudes em relação à análise também são clarificadas com esse material, pois temeria ligar-se a mim e ficar também numa relação siamesa comigo, o que, na verdade, já acontece. Teme separar-se da mãe, embora o deseje ardentemente. Ao emprestar uma larga soma para Antoine, sabendo de antemão que estava fazendo um péssimo negócio e que não mais veria seu dinheiro de volta, configura uma *atuação* com Antoine, na qual representa uma separação dos pais, realizando algo que eles jamais fariam. Mas vive essa separação como uma traição. Com Antoine não só se discrimina dos pais, agredindo-os, como também a mim agride, pois termina por fazer um péssimo negócio e, dessa forma, me acusa de não cuidar dele, abandonando-o durante as férias.

Com esta interpretação, melhor dizer talvez construção, fica esclarecida a atuação de Juliano com Antoine, o vínculo arcaico com os pais (mãe), como também sua relação transferencial, que somente assim pode ser entendida.

Sessão 16 – Ada

Ada, que é pintora, chega à sessão e diz que quer me mostrar um desenho que tinha feito da irmã em Ouro Preto, em frente à casa dos parentes onde estava hospedada. Recentemente tinha passado alguns dias com ela naquela cidade. Entrega-me o envelope e vejo que é um belo desenho.

A irmã está bem à esquerda, de pé em frente a uma porta estreita que se abre para um interior escuro, sorrindo, com uma expressão tranquila e serena. Todo o resto do desenho é ocupado por uma grande janela fechada, emoldurada por belíssimos estuques que são arrematados em cima por uma espécie de brasão, o que faz pensar ser um antigo edifício onde está localizada a casa.

O desenho me impressionou pela beleza, pelo clima de tranquilidade e de paz que transmitia. Ao vê-lo, lembrei-me imediatamente das ilustrações do livro de Angel Garma sobre a simbologia sexual na arte ornamental, no qual é mostrado como determinados frontispícios e frontões são representações do genital feminino. A crer em tais interpretações, ali estava claramente uma representação desse tipo. Ou seja, Ada me mostrava uma belo e idealizado genital feminino.

Lembrando-me de sua hostilidade sempre presente em relação à irmã e sua irritação com o ser mulher – problemática que se revelou fundamental no correr de nosso trabalho analítico –, imaginei de imediato que era possível que ela estivesse mostrando, com o desenho, uma nova posição, uma aceitação, uma valorização de sua sexuação feminina. A atitude amorosa com a irmã poderia também indicar o mesmo.

Pensei tudo isso ao ver o desenho de Ada por saber que ela estava há quase dois anos lutando para engravidar, sem sucesso, apesar de nada de definido ter aparecido nos diversos exames médicos que tinha feito até então.

Ada estava há vários anos em análise comigo, e eu sabia de alguns abortos feitos anos atrás, pelos quais sentia muita culpa. A existência desses abortos a deixava esperançosa de poder engravidar, já que provavam que não era estéril, mas, ao mesmo tempo, por culpa, julgava que não mais engravidaria. Temia que os abortos tivessem lesado seu útero de forma definitiva.

Durante a análise, muito tínhamos visto a respeito de seus conflitos com a mãe. Ada tinha uma única irmã, mais velha dois anos que ela, e que – em sua opinião – era, de longe, a preferida da mãe. O pai tinha com Ada uma relação muito íntima e amorosa, embora a tratasse quase como a um filho homem que nunca tivera. Tais fatos dificultaram muito a identificação de Ada com as mulheres.

Essas ideias passaram rapidamente em minha mente, enquanto lhe devolvia o envelope com o desenho, mas nada falei, fiel à desconfiança habitual de uma leitura muito direta dos símbolos, sem as necessárias associações que são imprescindíveis para a confirmação de interpretações dessa ordem.

Ada diz ter várias notícias boas. Profissionalmente, recebera muitos elogios. Está muito requisitada e não mais será transferida, como temia. Um renomado profissional de sua área tinha feito elogios a seu trabalho para seu chefe, aumentando-lhe o cacife no emprego. Acha que finalmente está sendo plenamente reconhecida, como sempre sonhara.

Tem também boas notícias quanto aos testes para a esterilidade, aos quais se tem submetido por causa de sua dificuldade em engravidar. Diz que foi afastado qualquer comprometimento do marido. O médico tinha finalmente chegado a um diagnóstico. Era ela quem estava com problemas: teria algo como uma "rejeição aos espermatozoides". Espera que seja isso, pelo menos é uma explicação para o fato de não ter engravidado até agora. Está feliz com o marido, que inicialmente teve grande relutância em fazer os exames sobre fertilidade, e agora a acompanha e apoia nos procedimentos médicos que tem enfrentado.

Até então eu ouvia em silêncio suas falas. Digo-lhe que ela me mostra estar contente e pergunto-lhe sobre o desenho, sobre por que razão quis mostrá-lo a mim.

Ada responde que gostou muito dele. Tinha-o mostrado para a mãe e para uma tia. Fala um pouco da casa onde a irmã está, a qual pertence a alguns parentes distantes.

Seguindo a minha primeira impressão desencadeada pelo desenho, registrei o fato de tê-lo mostrado para a mãe e para a tia, o que me pareceu um gesto de aproximação pouco comum entre Ada e a mãe.

Ada diz ter muitas saudades da irmã. Acha bom sentir-se assim, gostando dela, depois de tantas brigas. Sente-se próxima dela, sente que a ama. Diz ter sido muito bom ter estado com ela em Ouro Preto.

Após um pequeno silêncio, diz que a mãe está adoentada. Foi visitá-la e lá soube da morte da filha de uma parente distante, uma mulher que tinha sido abandonada pelo marido ao engravidar. Na conversa, disse para a mãe que admirava a coragem daquela parente. Ela tinha lutado muito para ter aquela criança e cuidar sozinha dela.

Pensou então sobre seu próprio caso, o ter engravidado, anos atrás, e optado pelo aborto. Concluiu que não tivera a mesma coragem daquela parente. Tinha sido preconceituosa e medrosa, escolhendo o aborto.

Pergunta-se agora, ali na sessão, o que teria acontecido se tivesse o filho naquela circunstância. Pensa que não adiantava comparar o seu caso com o da parente. As circunstâncias eram totalmente diferentes. Provavelmente teria casado com o pai da criança, o que seria terrível. Não sabe por que nunca falou sobre tudo isso com a mãe ou com a irmã. Mais uma vez lembra os intensos sentimentos de culpa que tinha, e ainda tem, embora mitigados, em relação aos abortos.

Como que perdida em seus pensamentos, mais uma vez Ada relembra fatos ligados à sua avó, com quem tivera muitas dificuldades. Ela era muito preconceituosa. Não admitia mães solteiras e tinha rompido várias relações de amizade por este motivo. A avó, como ela já tinha dito muitas vezes anteriormente, fora uma mulher muito má, dura e rígida, extremamente egoísta.

Ada lembra como a odiava. Lembra o terror que ela era, as inúmeras histórias que corriam na família sobre seu temperamento difícil, sobre suas atitudes maldosas. Acha que a avó não conseguia colocar-se no papel do outro, ter uma atitude de simpatia com quem quer que fosse. Talvez não fizesse por mal, mas por uma real impossibilidade, provavelmente pelo modo como tinha sido educada e criada pelos pais dela.

Ada pensa ser um pouco parecida com a avó; também seria assim.

Há um longo silêncio até Ada dizer que estava pensando agora que perdoava à avó. De certa forma a entendia e, embora nunca a tivesse enfrentado diretamente, pois sempre a odiara e temera em segredo, lamentava que tivesse sido assim seu relacionamento com ela. Mesmo sem saber se a avó alguma vez suspeitara de seus sentimentos, gostaria de se sentir perdoada por ela. Gostaria que ela – morta há tanto tempo – pudesse saber disso, de como se sentia agora. Doía saber que nada de concreto poderia ser feito para consertar essa situação, mas gostava de como estava sentindo-se naquele instante.

Eu me dei conta que me sentia comovido. Lembrava o belo desenho que poderia ser uma estilização do genital feminino. Via como ela falava de modo afetivo, próximo, doído das mulheres de sua família – sua avó, sua mãe, sua irmã –, mulheres com quem estivera em guerra todos esses anos.

Falei-lhe então que ela podia reconciliar-se com as mulheres de sua família, e, em assim fazendo, reconciliava-se com o ser mulher – fato sempre vivido como uma grande humilhação. Dessa forma, ocuparia seu lugar na galeria de gerações de mulheres de sua família: avó, mãe, irmã e ela. Também se reconciliava consigo mesma, pois o que dizia da avó, malvada e intransigente com as mães solteiras, talvez se ligasse com a atitude que tinha em relação a si mesma quanto aos abortos, pelos quais se censurava e punia incessantemente. Ao falar da parente distante, pôde reconhecer que, no seu caso, fora a melhor escolha. Perdoava-se a si própria.

Eu continuava emocionado, sentindo naquele momento como se Ada crescesse, como se depois de tantas, inumeráveis sessões, de tantas interpretações, ela estivesse mostrando uma integração, uma elaboração da culpa, como se, naquele momento, tivesse ficado menos implacável aquilo que eu considerava ser seu superego arcaico. Ada era constantemente atormentada com a culpa decorrente dos abortos praticados, quando teria assassinado "inocentes". No nosso trabalho, entendemos que as autoacusações de Ada referentes aos abortos eram meros disfarces – deslocamentos – de ataques assassinos muito mais precoces, dirigidos à mãe que julgava não tê-la desejado. De certa forma, ao praticar os abortos, Ada não deixava de estar identificada com essa mãe má que abandona os filhos (ela mesma), que os "mata". Assim, ao atacar-se e punir-se como uma "mãe assassina", estava melancolicamente atacando sua mãe. Era todo esse grande complexo ídeo-afetivo que caracterizava a relação de Ada com a mãe que parecia estar nesse momento em transformação.

Como Ada tinha mencionado que finalmente tinha uma explicação para sua dificuldade para engravidar, a suposta "rejeição aos espermatozoides", pensei que aqui, na análise, estávamos chegando também a explicações a respeito dessa dificuldade.

Na própria situação transferencial, eu a sentia próxima e doce, amorosa, receptiva, ao contrário de sua tão frequente atitude narcísica, fechada, agressiva e competitiva em relação a mim, em quem via aspectos de uma mãe pouco disponível.

Após minha fala, Ada ficou longamente em silêncio, até dizer que sentia uma coisa esquisita.

– Sinto que cresço, *que está crescendo...* – disse ela. – Novamente fica em silêncio, e faz uma pergunta que me surpreende: – Será que isso significa que devo ir já embora de alta, ou pensar em alta agora é para cortar e impedir o que estou sentindo?

Contratransferencialmente, sua pergunta me surpreendeu negativamente. Senti-a como um movimento de afastamento e de ruptura a mim, à análise, pois cortava inteiramente o que eu julgava estar acontecendo ali naquele instante: o aparecimento – depois de tantas horas de trabalho – de um movimento de integração e consequente bem estar dela consigo mesma, com seus fantasmas e na relação comigo. É como se, na transferência, Ada sentisse uma proximidade maior comigo, vivenciasse-me como uma "mãe boa", mas logo queria afastar-se, por não acreditar que essa relação pudesse ser mantida, tentando sair antes de ser mandada embora. Por esse motivo, disse-lhe que a segunda hipótese parecia ser a correta.

Ada tentava cortar rapidamente nossa relação, falando de alta nesse momento, num instante de felicidade e de integração que estava acontecendo na sessão. Dessa forma, estaria abortando-o.

A questão que se colocava então era: será que Ada se permitia não abortar esse momento? Será que desta vez poderia internalizar uma boa e produtiva relação, sem ser necessário "abortar-se" dela nem abortar nossas interpretações analíticas? Poderia deixá-las crescer e desenvolver-se dentro dela? Será que ela podia receber algo de mim, sem que isso fosse uma enorme humilhação?

Assim se instalava, na própria transferência, a questão da gravidez. Eu me perguntava até que ponto sua "rejeição aos espermatozoides" simbolizava, naquele momento, sua rejeição a minhas interpretações.

A sessão chegava ao fim, e eu me perguntava se dessa vez Ada engravidaria.

Algumas semanas depois, Ada disse que engravidara. Como estava sob observação médica por causa da tal suspeita de "rejeição aos espermatozoides", sabia com precisão a data da única relação sexual tida naquele período e a localizava exatamente na data daquela sessão.

Sem que eu tivesse dito nada, Ada me comunica que, ao saber que estava grávida, imediatamente lembrou essa sessão.

Comentários

Esta sessão se mostra peculiar e privilegiada pelo fato de que, por circunstâncias especiais (a analisando estar tendo relações sexuais em dias marcados no calendário), ter sido possível ver – como ela mesma fez questão de salientar – que a concepção se deu na noite do dia em que a sessão aconteceu.

Terá sido uma mera coincidência o fato de ter Ada engravidado nessa ocasião, ou, pelo contrário, terá engravidado em função da sessão, que dá um fecho a um longo circuito de interpretações, que culminam num momento de integração e "insight" de sua parte? Claro que é difícil afirmar categoricamente tal hipótese. Pessoalmente, não a considero impossível. Nesse sentido, julgo ser importante o fato de Ada ter lembrado imediatamente a sessão ao saber de sua gravidez. Por outro lado, a questão que aqui se coloca é mais genérica e abrangente, ou seja, da eficácia das interpretações, da capacidade de mobilizarem estruturas e arranjos dentro do aparelho psíquico e de suas repercussões no soma.

Um aspecto interessante do ponto de vista técnico é a forma como a analisanda começa a sessão, trazendo o desenho para que eu o veja. Tal gesto teve o mesmo efeito que um relato de um sonho, ou da comunicação de qualquer outro material verbal, na medida em que, situando-o dentro do contexto das comunicações da analisanda, facilmente ele revela seus significados latentes.

Sessão 17 – Júlia

Júlia tem 22 anos e é *designer* numa loja de moda feminina. Está em análise há cerca de um ano. Sua mãe morreu de câncer no pulmão quando ela tinha dois meses. Foi criada como filha por um casal de tios, a quem chama de pais. Sua tia é uma mulher muito perturbada, com marcada conduta antissocial, fato que teria tido importante papel no fracasso de seu casamento, que se desfez quando Júlia tinha cerca de sete anos. Essa tia, a quem, como já dissemos, Júlia chama de mãe, passou a morar sozinha, tendo vários namorados. O tio, a quem chama de pai, voltou a se casar. O pai verdadeiro mora no exterior e vem ao Brasil anualmente, quando tem um contato formal com a filha.

Júlia é muito *nervosa, histérica*, tem *crises de nervos*, chora, é *sensível* demais – para usar sua própria terminologia ao se descrever. Seus "irmãos" – na verdade, seus primos – são rapazes de temperamento difícil, com grande dificuldades nos estudos e conduta levemente delinquencial.

Júlia chega à sessão falando do câncer da mãe de uma amiga, coisa que a deixa muito penalizada. Compartilha o sofrimento da família da amiga, mencionando os transtornos na rotina, os problemas econômico-financeiros, a dor que todos estão sentindo. Em seguida, fala que tem brigado e discutido muito com o namorado. Ele está muito enciumado, pois Júlia o provoca, falando de um ex-namorado que voltou a procurá-la.

– Vou sair com a Luci. Vamos fazer compras... Estou confusa com meu namorado. Gostaria de estar junto de minha mãe, para conversar e me aconselhar com ela – diz Júlia.

Penso que Júlia deve culpar-se por estar relacionando-se muito melhor com Luci, a atual mulher de seu "pai" (tio). Antes sentia que era falta de lealdade com a "mãe" (tia) estabelecer um bom relacionamento com a madrasta. Vejo também a negação e a idealização que Júlia faz da "mãe" (tia), que poucas vezes efetivamente teve uma conduta protetora, com cuidados maternais para com ela. Na verdade, na maioria das vezes, é Júlia quem é chamada para resolver os inúmeros problemas nos quais ela, a "mãe" (tia), se envolve.

Lembra então que teve um sonho.

— Estava com uma grande turma, numa cidade do interior. Eu ia fazer alpinismo. Tínhamos todos que subir em grandes pedras e escalar montanhas. Me sentia claramente em desvantagem, pois estava sem equipamento nenhum. Parece que eu tinha que passar uma substância repugnante nas mãos, algo como aquela gordura que fica em comida na geladeira, aquela parte branca, sólida. Eu sentia um cheiro estranho, um gosto ruim na boca. As pessoas pegam pregos e martelos e os usam para subir nas pedras. Eu não tenho nada disso. Jogam-me cordas e fitas. Fico muito angustiada, acho que não vou conseguir subir. Ainda no sonho, lembro que um amigo me dizia, entre acusatório e brincalhão, que eu tinha tirado demais aquela substância repugnante do pote grande, pois havia um pequeno pote e um grande pote, de onde eu tinha tirado aquele negócio.

Júlia conclui o sonho dizendo que tinha ficado com um vidrinho bem pequenininho e faz um gesto com dois dedos, mostrando o tamanho do vidro, que teria alguma relação com os potes, o grande e o pequeno.

Pergunto-lhe o que tal sonho a faz pensar.

Júlia diz que a cidade do sonho parece ser onde o namorado nasceu e passou a infância. Ela mesma, quando criança, ia muito ali. Quanto a isso de escalar montanhas, lembra que teve um outro sonho recentemente no qual tinha de subir uma longa rampa, coisa que conseguia com enorme esforço, mas, ao chegar lá em cima, uma amiga a puxava pelo pé e ela escorregava.

Por mais que tente, Júlia não consegue associar mais nada com os sonhos. Esta sua dificuldade em associar, coisa que não lhe era comum, me fez pensar em uma resistência mais ativa que a habitual. Lembrei-me do que Freud falava sobre os sonhos típicos, os simbolismos típicos, e a maneira específica como os analisandos lidam com tais materiais, ou seja, sem produzir associação alguma.

E, de fato, o sonho que Júlia tinha contado estava repleto de símbolos. "Estar em desvantagem", "não ter equipamento", não ter "martelo" ou "pregos", "escalar montanhas", todos eles eram típicos símbolos da castração e da inveja do pênis, ou da relação sexual.

Como Júlia continuasse em silêncio, perguntei-lhe se esses sonhos teriam algo a ver com relações sexuais, se ela tem pensado sobre tais situações.

Júlia discorda, acha que não tem nada a ver.

Pergunto-lhe então o que seria essa coisa repugnante, gordurosa, com cheiro estranho na mão e na boca.

– Ah, não sei... Tem coisas que não falaria aqui - responde uma reticente Júlia.

– Teria algo a ver com esperma, coito oral? – perguntei, continuando a investigar minha hipótese a partir dos símbolos que seus sonhos tinham trazido.

– Tinha pensado imediatamente nisso quando você perguntou, mas fiquei com vergonha de dizer – disse Júlia. Tenho tido muitas relações sexuais ultimamente com meu namorado, e hoje passei o dia sentindo o cheiro do gozo dele na minha mão. Abri a geladeira e também senti o cheiro ali, ou em mim, na boca, não sei.

Com essa resposta de Júlia, confirmava-se minha hipótese de que o sonho tinha ligação direta com sua conflitiva sexual. Com isso, falei para ela:

– Será que com seu sonho você me diz que, quando se sente "desequipada", sem "martelo", sem "prego" para pregar na montanha e escalá-la, no fundo você me fala de um lado seu que sente o ser mulher, o não ter pênis, como um estar em grande desvantagem, como estar sem "equipamentos", o que muito lhe irrita e desgosta?

Júlia ri e diz que não sabe. Após um pequeno silêncio diz que está acontecendo uma coisa esquisita entre ela e o namorado, que antes não ocorria: tem sentido muita vergonha de ficar nua na frente dele, vergonha de transar com ele. Não entende por que está acontecendo isso.

– Não será por que esta é a hora em que, por excelência, se evidencia a falta de seu "equipamento"? Será que fica também aqui envergonhada com tudo isso, como se de repente ficasse nua na minha frente e se exibisse esta vergonha, o não ter pênis, que a diminuiria a meus olhos?

– Bom, não sei bem se é assim. O fato é que, de repente, passei a ter vergonha do meu corpo, vergonha de ficar nua na frente do meu namorado, coisa que nunca tinha me acontecido antes.

Comentários

O material mostra como é possível abordar os sonhos a partir de símbolos, sem as associações do analisando, as quais costumam faltar sistematicamente nestas circunstâncias como Freud explicitou. Foi a interpretação dos símbolos "prego", "martelo", "equipamentos", "escalar montanhas", comparações entre "grandes" e "pequenos" que tornou possível a Júlia lembrar-se de fatos recentes ligados a sua vida erótica, falar de suas atuais angústias sexuais e de sua inibição de mostrar-se despida frente ao namorado. Estas, por sua vez, se cristalizam na interpretação infantil da diferença sexual vivida como castração e a humilhação daí decorrente, a inveja do pênis. Embora não presentes neste material, essas vivências de castração estavam ligadas às disputas de Júlia com seu "irmão" (primo) mais velho.

Sessão 18 – Teresa

Teresa chega desesperada ao consultório. Ela se diz cheia de ódio, com raiva de tudo e de todos, não aguenta mais, vai a um psiquiatra pedir antidepressivos. Queixa-se de estar muito mal, acusando-me de não ajudá-la. A análise de nada serve. Sente-se agora como há dois anos, época em que o pai viajou e a deixou trabalhando num projeto do escritório. Diz ter brigado com as empregadas de sua casa, pois não faziam nada direito.

Depois disso, que me parece um grande vomitório, um expelir violento de muitas queixas, Teresa conta que, ao sair da sessão, vai com duas primas levar as cinzas de um tio para o túmulo da família. Acha que tem obrigação de acompanhá-las. Deverá perder muito tempo ali, pois crê que não será rápido o procedimento. No túmulo há um pequeno jardim a ser desfeito e cavado, não é uma simples porta, ou uma gaveta na parede.

A partir dessa comunicação, Teresa passa a falar longamente de sua empresa, como ela vai mal, novamente deficitária. Isso a aborrece tremendamente, dando-lhe vontade de desistir de tudo, de entregar as obrigações para o marido,e passar a receber uma simples mesada. Diz que descobriram agora erros grosseiros de um alto funcionário que faz com que a confiança nele depositada fique muito abalada. Fica constrangida com a preocupação que tudo isso traz para o pai.

Depois de todo esse desabafo, Teresa fala que gostaria de me dar boas notícias de vez em quando. "Uma notícia *ofiçal*, quero dizer, *oficial*, de que tudo vai bem, em vez de só me queixar" – diz ela.

Repito o nome *ofiçal* e pergunto-lhe o que tal nome a faz pensar.

Teresa entende minha pergunta como uma crítica e passa imediatamente a se acusar de articular mal as palavras, de pronunciá-las mal e de falar "para dentro". Seu analista anterior também chamava muito a sua atenção quanto a isso. Acha que deve ser por influência familiar, tem um tio que fala "para dentro". Lembra que o pai usava em casa, quando era pequena e ainda hoje, um truque para ser ouvido: se está todo mundo falando alto e ao mesmo tempo, o pai, em vez de fazer o mesmo ou falar mais alto ainda para ser ouvido, começa a falar bem baixo. Aí todos param de gritar e o ouvem. Teresa pergunta-se se não estaria usando um truque também aqui para ser ouvida por mim.

Volto a perguntar-lhe o que a palavra *ofiçal* lhe lembra.

Após refletir, Teresa lembra o Rei *Faiçal*, de quem muito falavam quando era criança. Lembra que tinha ficado muito impressionada com ele, pois ouvira uma história que dizia ter ele matado o irmão para ficar no trono, ou algo assim.

Comentários

Quando lembro que um dos grandes problemas de Teresa decorre da morte de seu irmão único quando ambos eram criancinhas, seu *lapsus linguae* fica transparente, na medida em que remete diretamente a sua permanente fantasias de ter matado o irmão e se apoderado de sua parte na herança dos pais. Essa conflitiva vem à tona facilitada pelo fato de ter de acompanhar as primas levando as cinzas do tio para o túmulo da família. Isso faz com que retornem mais intensamente as acusações de ter eliminado o irmão. Por esse motivo, precisa abdicar de tudo, dar tudo para o marido, que inúmeras vezes é confundido com o irmão.

Teresa não se permite ter nada. A empresa precisa sempre ir muito mal, "no vermelho". O mesmo se dá com a "empresa analítica", sempre mal, estando ela sempre péssima, sem poder usufruir as boas perspectivas que se lhe aparecem.

Enquanto tentava dizer-lhe isso, Teresa faz – como de hábito – inúmeras interrupções. Tal atitude sempre lhe é interpretada, como novamente foi feito, como algo decorrente de sua culpa, que não lhe permite receber nada aqui na análise.

Um aspecto interessante em casos semelhantes de *lapsus linguae* é que, ao lhe ser apontado, o analisando tende a não considerá-lo digno de análise, atribuindo-o a erros banais de articulação. Não fosse minha insistência em investigá-lo, Teresa o teria ignorado e se perderia um importante elemento de seu luto patológico.

Sessão 19 – Marília

Marília, uma mulher casada e mãe de três filhos, suspeitava que estava grávida, mas se recusava a certificar-se do fato. Estava com a menstruação atrasada, porém, como esta sempre fora irregular, o atraso não era significativo. Caso a suspeita se confirmasse, de comum acordo com o marido, faria um aborto. Alegavam os dois que não queriam mais um filho e que uma gravidez agora viria desarranjar toda a rotina já estabelecida na casa e na família.

Naturalmente, a esta explicação *racional* que se davam marido e mulher quanto ao desejo de praticar um aborto se contrapunham inúmeros conflitos inconscientes que desempenharam papel importante não só na própria gravidez, como no desejo de pôr termo a ela.

Já tínhamos analisado uma série de fantasias ligadas a essa situação, inclusive a dificuldade que Marília apresentava em confirmar se estava mesmo grávida.

Na sessão que vamos ver, Marília chegou dizendo-me que o marido tinha lhe dado um ultimato: exigia que ela me dissesse que estava grávida, fato que ela já sabia há uma semana, quando fora a um ginecologista. Estava muito nervosa, mas não tinha conseguido me dizer nas sessões da semana anterior, não sabia por quê.

De fato, lembrei que nas últimas sessões Marília tinha ficado calada, praticamente sem dizer nada. A própria dificuldade de Marília falar-me de sua gravidez parecia-me sintomática. Pensei que a gravidez era um *acting* e notei que despertou em mim uma certa irritação, senti-me um tanto logrado e enganado. Num momento posterior, concluí que talvez sua gravidez gerasse em mim sentimentos de exclusão, provavelmente ligados a meus núcleos infantis.

Marília diz então que não havia ainda falado para os filhos sobre a nova gravidez, por não ter decidido ainda o que fazer frente a ela. Acredita que sua filha ficaria chocada se soubesse da gravidez e subsequente aborto. Recentemente, durante o jantar, os filhos mais velhos comentavam um programa na televisão, e a filha condenava os que advogavam o aborto.

Marília não sabe o que fazer; não quer mentir para os filhos, não acha honesto, gostaria que eles participassem de todos os acontecimentos doméstico-familiares. Gostaria que eles tivessem vivência de todos os problemas e que, se um dia a filha quisesse abortar, isso não lhe fosse algo totalmente desconhecido.

Não quer que a filha sofra a mesma experiência que teve quando acompanhou sua irmã mais velha para fazer um aborto.

– Era um segredo entre nós duas, somente nós sabíamos o que estava acontecendo e foi terrível. Fiquei numa sala e minha irmã foi operada na sala vizinha, e eu ouvia tudo. Não sei o que aconteceu, parece que ela teve uma dificuldade com a anestesia, de modo que, no meio do aborto, eu ouvia ela gritar, pedir socorro, me chamar. E eu não podia fazer nada, estava petrificada, apavorada, com medo de que ela morresse, imaginando que, se isso acontecesse, eu teria que resolver tudo sozinha. Minha irmã não tinha falado para ninguém da gravidez, nem para o namorado. Ele não estava sabendo de nada.

De certa forma, fico surpreso com esta história, pois Marília até então não a tinha trazido. Peço-lhe mais detalhes, entre eles quem era o pai da criança.

– Era um namoradinho de minha irmã, o *Bubi*. É aquele cara que considero até hoje um verdadeiro pé de coelho, pois, cada vez que o vejo, algo de muito bom me ocorre.

Chamou-me a atenção essa inesperada superposição que Marília fazia. Por um lado, estava acabando de me contar um episódio grave de sofrimento que sua irmã tinha passado e que – em sua fantasia – até mesmo a tinha colocado em perigo de vida, episódio que, de certa forma, poderia ser imputado a *Bubi*, o que poderia levar a crer que a visão do rapaz não lhe fosse prazerosa. Entretanto, ela afirmava o contrário, ou seja, que *Bubi* era-lhe um amuleto de sorte, alguém, consequentemente, cuja presença lhe trazia felicidade.

Também me chamou a atenção o fato de já ter ela mencionado algumas vezes esse tal rapaz como seu amuleto, sem dizer seu nome nem seu importante papel no episódio que envolvia sua irmã.

– De qualquer forma, estou muito preocupada, pois tenho que resolver logo se vou abortar ou não. Na próxima semana já é carnaval, tudo para, não vou encontrar os médicos. Além de tudo, não posso esperar mais.

Penso que a Marília tem razão; não pode demorar tanto a resolver. Sinto-me angustiado, pressionado. Lembro-me de uma outra analisanda que engravidou, depois de muitas dificuldades, o que me faz pensar que "eu" estava muito fértil, potente, como se "eu" estivesse "engravidando" minhas analisandas. Constato que estou rapidamente desenvolvendo uma fantasia de poder e potência, de possuir uma grande capacidade para engendrar, além da óbvia e direta conotação erótica aí implicada.

Vejo que essas fantasias talvez viessem para me amparar naquele momento, pois estava sentindo-me inseguro e desvalido, sem saber o que dizer. Lembrava alguns textos teóricos que falavam sobre a insegurança básica do analista em sua tarefa diuturna e também lembrava um amigo que repetira para mim a conhecida piada de que o melhor cliente é o do analista, pois não se cura nem morre, de modo que o analista pode explorá-lo *ad eternum*.

Naquela ocasião, eu tinha respondido que ele ignorava quantas coisas importantes aconteciam no consultório, decisões fundamentais eram ali tomadas, situações vitais ali ocorriam, como esta. Sentia que tinha uma vida em minhas mãos, que poderia salvá-la ou não com o que dissesse. Ao me aperceber pensando isso, corrigi-me, recusando o papel grandioso que me outorgava, fruto do conflito competitivo com aquele amigo, seguramente uma figura paterna, o que dava o devido tom de rivalidade edipiana à situação.

– Me chama muito a atenção o fato de você ter tido tanta dificuldade em me falar de sua gravidez. Há muitas sessões em que fica sem falar nada. Por que seria? É como se não quisesse ver o que se passa. Na verdade, o tempo é muito importante agora. Você parece pressionar-me para que eu resolva tudo – disse eu, expressando o que ocorria contratransferencialmente.

– Não quero que você resolva nada para mim – responde Marília irritada. – Além do mais, alguma coisa aconteceu ontem comigo que não sei o que foi, pois até então estava mais propensa a ter a criança, achava que ela iria me trazer muita felicidade. Mas ontem mudou tudo; não quero mais. Não sei se foi porque soube da morte do irmão de um amigo meu. Tinha 33 anos e morreu de câncer. Esta ideia de nascimento e morte, alguém morrer, alguém nascer, me fez mal, me fez não querer mais a criança... Você sabe, este negócio de morte é engraçado. Já lhe contei do *Bubi,* filhote da Cloé? Já lhe contei como fiquei tão mal quando ele morreu?

Ao ouvir o significante *Bubi,* fico muito surpreso, pois lembro agora as muitas vezes que Marília falou desse pequeno cão *Bubi,* filhote de Cloé, sua pequena cadelinha maltesa, personagem constante em seus relatos, visto que tinha um forte vínculo narcísico com o animalzinho, sobre quem fazia as mais variadas projeções. *A* novidade que somente agora aparece é que esse é o nome do namorado de sua irmã, aquele que a tinha engravidado. Mesmo hoje, quando contara a história do aborto da irmã, eu não tinha ligado aquele nome ao do falecido cãozinho. Resolvi então apontar a *coincidência*.

– *Bubi*? Engraçado, é o nome do antigo namorado de sua irmã.

Marília também fica muito surpresa e diz que nunca tinha se apercebido da *coincidência*. Pergunto-lhe se nem sua irmã, ao que ela responde que não.

Pergunto novamente de *Bubi*, o namorado da irmã.

– Bom, ele que era um rapaz da turma da minha irmã. Não sei como namoraram, não podia dar certo mesmo, eram muito diferentes. Ele nem soube da gravidez.

– E como você passou a vê-lo como um pé de coelho, um amuleto? – perguntei-lhe.

– Anos atrás, eu tinha me candidatado a uma bolsa de estudos para a Espanha e estava esperando a resposta. Um dia andava pela rua e encontrei o *Bubi*. Quando cheguei em casa, soube que tinha ganhado a bolsa. Fiquei achando que o encontro me trouxera a sorte... Sei que tudo isso é bobagem... Voltei a encontrá-lo há pouco tempo no aeroporto de Orlando. Ele é um homem bonito, engenheiro famoso, casou-se com uma médica e separou-se. Fazia anos que não o via. Ele nem me reconheceu.

Marília volta então a falar de *Bubi*, o cãozinho. Lembra que foi engraçada a escolha do nome, pois, como eram cães de *pedigree*, precisavam ter o nome registrado. Sua cadela Cloé era a fêmea e uma amiga, a dona do macho. As duas dividiram os filhotes e ela tinha querido o nome *Bubi*, e a amiga também. Por esse motivo tiveram uma briga que ela mesma qualifica de *ridícula*. Marília tanto fez que conseguiu convencer a amiga a desistir do nome *Bubi* para o filhote dela.

– Fiquei pensando ontem no *Bubi*, porque imaginei que era parecido com o que estou sentindo em relação à gravidez. Naquela ocasião em que Cloé deu cria, eu não ia ficar com nenhum filhote, mas gostei tanto de *Bubi* que resolvi ficar com ele. Tive enormes problemas com meu marido, que nunca o aceitou. Ele o chutava, jogava-o contra a parede, batia muito nele, especialmente quando era pequenininho e chorava muito. Eu tinha uma enorme pena do *Bubi,* pois ninguém gostava dele, nem mesmo eu. E, quando ele morreu, fiquei chocada, pois é como se ele tivesse morrido porque ninguém tinha gostado dele. Tanto assim que a Cloé, que é mãe dele, está viva até hoje, velhíssima... Tudo isso parece uma grande bobagem, mas, quando eu estava na outra análise, fui contar essa história e chorei sem parar... Não sei por que, mas fiquei muito abalada quando ele morreu. Tanto que tenho a foto dele na parede atrás de minha escrivaninha, no escritório, como se fosse um pedido de desculpas, um dizer "sinto muito, mas não há lugar para você aqui; não queremos você".

Vejo que Marília está muito emocionada. Estou surpreso, pois me parece muito significativo tudo isso, o *Bubi* que engravidou a irmã, o aborto da irmã, o *Bubi* cãozinho, de nome disputado entre ela e a amiga, sua culpa enorme em relação a sua morte, o fato de ela nunca ter-se apercebido da ligação entre os dois *Bubis*.

Tentava rapidamente alinhavar algo, pois a sessão acabava e aquilo que alinhavara e disse depois me pareceu insatisfatório, teórico, muito construído; temi ter perdido o filão transferencial que me conduzira até então. Disse:

– Você acha que quer o filho como algo que pode lhe trazer felicidade, como prova de sua fecundidade. Mas não sabe por que se obriga a não querê-lo. Parece que algo disso tudo se liga com *Bubi*. É como se, por algum motivo que precisamos ver melhor, a experiência de aborto de sua irmã a tenha marcado, e você ache necessário ter de passar por ela também. Não pode ter sua gravidez; tem de abortar.

– Mas meu marido de fato não aceita. Ele não aceita filhos novos, cachorros novos, fica muito ciumento – respondeu-me Marília.

Comentários

O mais evidente no material é a ambivalência de Marília em relação a sua gravidez, que sequer pode me confessar. Não quer se dar conta da rejeição ao filho, que fica projetada no marido, que rejeita filhotes de cães e filhos pequenos, como afirma. Em sessões subsequentes, pude elaborar melhorar para mim e para Marília aquilo que tinha me parecido o mais curioso e revelador neste material.

Refiro-me à curiosa descoberta dos dois *Bubis*, o cãozinho rejeitado e o ex-namorado da irmã, e o que isso poderia esclarecer de seu estado atual. Pareceu-me que a culpa tão intensa que Marília tinha em relação à rejeição do cãozinho, a qual imagina teria provocado sua morte, seria um deslocamento da culpa em relação a fantasias agressivas e vingativas contra sua irmã, que se teriam manifestado naquele momento em que ouvia o sofrimento dela durante o aborto, no instante em que o bebê de sua irmã era sumariamente rejeitado e eliminado.

Uma prova disso estava no fato de ter transformado *Bubi* – o namorado que poderia ser visto como o causador de tanto sofrimento à irmã – não num inimigo a ser odiado, e sim em seu talismã de sorte. Ou seja, o sofrimento que *Bubi* inflingiu à irmã lhe foi muito prazeroso, deu-lhe grande satisfação. Abrigar esses sentimentos hostis em relação à irmã enchiam Marília de culpa e de necessidade de castigos, que se configuravam agora em abortar toda e qualquer criatividade em si mesma, quer seja uma efetiva gravidez, quer seja uma relação criativa comigo, quer seja seus anseios de felicidade. Tudo tem de ser abortado. Nesse sentido, o filhote rejeitado, o pequeno *Bubi*, é ela mesma que sente que merece ser rejeitada por todos devido à sua maldade.

Dessa forma, ao material anterior, que parecia mostrar seus desejos de abortar como ligados a fantasias de punição por uma gravidez incestuosa ou por ataques invejosos a mim, acrescentava-se esse aspecto de necessidade de castigo frente à intensa ambivalência voltada contra a irmã.

O fato de ter desistido do aborto e levado a termo a gravidez, dando à luz mais um filho, parece confirmar o acerto da construção.

Sessão 20 – Rafael

O nascimento da primeira filha de Rafael deverá acontecer em aproximadamente um mês. Nesta sessão, ele me diz que a mulher tem insistido em prepararem o quarto do bebê e seu enxoval, pois nada fora feito até então.

Fico surpreso, pois é a primeira vez que me conta esse fato. Pensei que era sintomático que deixassem para a última hora esses cuidados, atitude pouco habitual em pais de primeira viagem, que estão muito envolvidos com a chegada do primogênito. Aponto-lhe esse fato e pergunto-lhe o que pensa a respeito.

Rafael me diz que isso tem sido motivo de muito atrito com a mulher, que não entende sua atitude. Na verdade, ele incumbira sua única irmã, mais nova do que ele três anos, de tomar essas providências, e ela nada tinha feito até então.

Pergunto-lhe por que teria pedido para sua irmã fazer isso e o que sua mulher achara da situação.

Rafael diz que a mulher ficara furiosa e assim permanecia. Ela não entendia por que tinha ele incumbido a cunhada dessa tarefa, impedindo a ela mesma de fazê-la, ela, que era a mãe e tanto queria realizá-la.

Volto a perguntar-lhe por que tinha ele feito essa escolha.

Rafael diz que, como a irmã é solteirona, pensou que a incumbindo dessas tarefas a incluiria e a faria participar das alegrias pela chegada do bebê. Além do mais, ele tinha dito para a mulher que ela não precisava preocupar-se, pois, se a irmã nada fizesse até a última hora, bastaria arranjar um "caixote de laranja", pois isso serviria como berço para a criança.

Tudo estava parecendo-me muito sintomático e, ao ouvir "caixote de laranja" como berço para o bebê, perguntei-lhe por que seria um "caixote de laranja" e não qualquer outro.

Rafael ri e diz que nem se dera conta dessa expressão ao falar para a mulher, nem agora aqui ao me repetir a história; parecia uma forma de dizer que improvisariam qualquer coisa para o bebê, que não havia motivo de tanta preocupação, era uma forma de tranquilizar a mulher. Mas, agora que eu perguntara, lembrava que, quando era bem menino, tinham uma cadela em casa que emprenhou e que a mãe a colocara num "caixote de laranja", juntamente com os filhotes. Uma noite, acordou, foi até onde ficavam os cachorrinhos e viu que mãe os afogava no tanque cheio d'água. Ficou chocado, e a mãe disse que estava afogando "só as fêmeas".

Digo-lhe que essa lembrança talvez traga fantasias muito antigas que acordam agora com a iminência do nascimento de sua filha. Seu lado infantil – o pequeno Rafael – ficava extremamente enciumado, tal como provavelmente ficara aos três anos, quando nascera sua única irmã. Sentia agora o nascimento da filha como uma ameaça e desejaria eliminar a rival, afogando-a, tal como a mãe fizera com os "filhotes fêmeas".

Rafael fica em silêncio até o final da sessão e falta duas semanas em seguida.

Pensei que essas faltas teriam ligação com o material trazido e com a interpretação talvez muito direta da agressividade contra a filha, reatualizando a rivalidade com a irmã.

Ao voltar, Rafael diz ter tido muitos problemas no trabalho. Enfrentara várias brigas no escritório, achava que seus rivais estavam querendo prejudicá-lo, fazendo-o correr o risco de perder seu alto cargo. Diz ainda que estava muito preocupado, pois no último ultrassom que sua mulher fizera, o médico tinha dito que a o feto estava com poucos movimentos, o "que não era normal".

Digo para Rafael que, além dos motivos alegados por ele para justificar sua ausência da análise, provavelmente ela estava ligada também com os eventos de nossa última sessão, quando tínhamos falado a respeito de suas fantasias ligadas ao nascimento de sua filha. Quem sabe o que o médico dissera – o feto estava com poucos movimentos – reforçara a fantasia de afogamento dos "filhotes fêmeas".

Rafael ouve em silêncio e retomo então o que falara, procurando detalhar mais a construção. Digo-lhe que o futuro nascimento da filha acorda nele as antigas lembranças do nascimento da única irmã, que deve ter provocado intensos ciúmes, já que era o filho único até então. A lembrança da mãe afogando os filhotes "fêmeas" possibilita que projete na mãe seus desejos assassinos em relação à irmãzinha – é ela quem a mata, não ele.

Quando aponto tais fantasias, fica assustado. Sente-se acusado por mim e foge, como se eu as estivesse confirmando e não as interpretando. Precisa me dizer agora que não pensou em eliminar ninguém, são os outros – os colegas de trabalho – que querem eliminá-lo. Ele é uma vítima, não um algoz

Rafael parece acalmar-se. Em sessões subsequentes, diz que juntos, ele e a mulher, foram comprar os móveis e objetos para o quarto do bebê.

Comentários

O próximo nascimento de sua primeira filha reatualiza em Rafael os conflitos infantis decorrentes do nascimento de sua irmã. Isso aparece na análise por meio do significante "caixote de laranjas".

Tal significante o remeteu diretamente à lembrança da cadela e dos filhotes no "caixão de laranjas" e, posteriormente, a lembrança de ver sua mãe afogando os "filhotes fêmeas" no tanque de sua casa. Lembranças que evocavam seus sentimentos frente ao nascimento da irmãzinha, seus ódios ciumentos e assassinos, projetados na mãe. É ela quem assassina os filhotes fêmeas. Dessa forma, fica claro por que não deixava sua mulher providenciar os arranjos necessários para a chegada do bebê: ele (o bebê) estava confundido com a irmã e consequentemente não merece mais do que um "caixote de laranjas" e o posterior fim adequado aos "filhotes fêmeas", a morte por afogamento.

A decisão de delegar à irmã a incumbência de cuidar dos arranjos para a chegada do bebê – incumbência por ela recebida de forma ambivalente e sintomaticamente não realizada – mostrava uma tentativa frustrada de reparar os antigos ataques sádicos feitos a ela.

Podemos pensar que o fato de não ter a irmã casado ou procriado tenha, para Rafael, um duplo significado. Visto a partir de uma estrutura mais primitiva, ele a teria danificado de tal forma que a impediu de exercer as funções adultas às quais estaria destinada – casar-se, ter filhos, etc. Já sob a influência da fase edipiana, manter-se-ia incestuosamente ligado a ela, não desejando seu casamento ou procriação. Em ambos os casos, sobrevém a culpa. Tenta então reparar as agressões fantasiadas em relação à irmã, presenteando-a com uma filha, fazendo com que seja ela quem deve cuidar do enxoval e do quarto do bebê, e não sua esposa. Que a irmã, significativamente, não recuse tal incumbência nem a cumpra revela sua própria ambivalência diante da tarefa, dando indícios de captar os motivos inconscientes que sustentam tal atitude de Rafael.

À primeira abordagem do conflito, Rafael foge. Ao retornar, ele se diz ameaçado pelos rivais em seu trabalho, que tramam para depô-lo do alto posto. Dessa forma me comunica como se sentiu perseguido por minha interpretação e fugiu, temendo uma punição. Assevera-me agora que não é ele o que planeja eliminar os rivais, e sim seus inimigos. Ele é uma vítima, não o algoz. Quando detalhamos melhor a construção, Rafael pode elaborar seus conflitos e responde positivamente, indo com a mulher fazer as compras necessárias para o bebê.

Mais ao fundo, vemos a imagem de uma mãe matando filhotes. Isso apontaria para as angústias frente à onipotente figura da mãe, que pode dar a vida, assim como tirá-la. A questão da diferença sexual também se faz presente, na medida em que os filhotes "fêmeas" são sacrificados. É de se perguntar até que ponto essa filha solteirona, consequentemente sem filhos, não teve sua feminilidade "afogada" no contato com essa mãe.

Posfácio

Como disse anteriormente, o objetivo maior deste livro não é mostrar o conteúdo dos conflitos inconscientes trazidos pelo analisando para o analista, e, sim, a maneira como este vai desvendá-los a partir da atenção flutuante com a qual escuta o discurso do analisando, o que lhe permite construir paulatinamente sentidos até então inexistentes.

Como talvez seja de interesse do leitor saber quais configurações específicas decorrentes dos embates edipianos aparecem nas sessões. Poderíamos descrevê-las assim:

Jonas ou como a gravidez da mulher pode atualizar o complexo de édipo do marido, fazendo-o vivenciar a exclusão, com ciúmes e os sentimentos de traição, que dão origem a fantasias agressivas em relação ao bebê (filho) e à mãe (mulher).

Bia ou como uma identificação melancólica com a mãe psicótica pode desencadear uma intensa vivência persecutória, atualizando antigos traumas.

Bóris ou como o luto mal-elaborado pelo pai morto interfere no desejo da paternidade.

Joana ou como fantasias de roubo e de culpa ligadas à rivalidade fraterna levam às autopunições, influenciando a forma de enfrentar uma grave doença, e provocam reação contratransferencial no analista.

Paula ou como uma antiga tentativa de suicídio fica esclarecida por meio da análise de um sonho recorrente, que aponta para o ódio introjetado pela mãe que viaja e a abandona.

Mariana ou como o luto mal-elaborado pelo pai morto provoca tentativas de negar e projetar no exterior a agressão e a destrutividade, o que faz com que as interpretações do analista, que desfazem a projeção, sejam vivenciadas persecutoriamente como inoculações de veneno de escorpião.

Marcelo ou como os conflitos relacionados ao édipo negativo são reatualizados na transferência, provocando uma reação fóbica de fuga.

Mônica ou como a gravidez desencadeia agressivas fantasias de triunfo sobre a mãe, temida como "arruinada".

Amália ou como um pequeno incidente envolvendo fantasias agressivas em torno do analista provoca um "salto para o corpo", uma conversão que a interpretação logo desfaz.

Miriam ou como conflitos em torno de identificações melancólicas provocam sérias inibições na vida social e na profissional.

Marta ou como a gravidez suscita fantasias de completude fálica, o que faz com que o parto seja vivido como castração.

Olga ou como o luto mal-elaborado pela morte de irmãos homens provoca conflitos em torno da feminilidade.

Lindaura ou como fantasias eróticas edipianas provocam intensa inibição.

Edna ou como a rivalidade fraterna gera ataques agressivos e culpas.

Juliano ou como relações fusionais narcísicas com os pais desencadeiam atuação como forma de expressar o desejo de discriminação e autonomia.

Ada ou como identificações com figuras femininas possibilitam a gravidez.

Júlia ou como a rivalidade com o irmão faz com que diferença sexual seja vivida como castração.

Teresa ou como o luto mal-elaborado alimenta fantasias de usurpação.

Marília ou como a intensa ambivalência fraterna gera culpa e necessidade de punição através de fantasias de aborto;

Rafael ou como a gravidez da mulher reatualiza fantasias agressivas contra a mãe e se expressa em ideias de morte do recém-nascido.

Lembramos o caráter excepcional dessas sessões, na medida em que permitiram a elaboração de construções plausíveis no curto tempo em que transcorreram, o que não ocorre na maioria das vezes.

Para concluir, gostaria de salientar a importância da memória no trabalho do analista.

Movido pelo desejo de entender o analisando, o analista vai ativamente articulando o que é produzido na própria sessão com o que já ocorreu em sessões anteriores. Sua elaboração inclui todo um registro de lembranças de falas anteriores do analisando, que se atualizam e se presentificam em sua mente ao ouvi-lo no momento presente.

Essa memória, que espontaneamente brota na mente do analista ao reencontrar seu analisando, constitui o acervo da experiência analítica realizada até então e do qual ele é temporariamente o fiel depositário, o que deixa esse acervo a salvo dos processos de repressão, negação e esquecimentos ainda vigentes no analisando.

É exatamente essa função de "arquivo" não reprimido o que permite o trabalho de construção e de interpretação que o analista vai aos poucos executando, produzindo sentido e significações onde antes aparentemente prevalecia o sem-sentido.

René Major (2008), ao defender uma psicanálise "desistencial", decorrente das contribuições de Derrida, diz:

> Ora, a psicanálise – sua teoria, sua prática, sua instituição – é completamente uma *ciência do arquivo* e do nome próprio, *de uma lógica da hipomnésia que explica as lacunas da memória, daquilo que arquiva a lembrança, transformando-a, ou, ao contrário, que a desarquiva, apaga, destrói* [itálicos meus]; uma ciência também da própria história, da de seu fundador, da relação de documentos particulares (ou secretos) com a elaboração de sua teoria e com tudo aquilo que, de maneira subterrânea, pode explicar sua manifestação no mundo. (p. 18)

De fato, Derrida (2001) diz que a psicanálise é a "ciência geral do arquivo" e atribui à pulsão de morte a força que luta para destruir a memória, o arquivo:

> Mais tarde, Freud dirá que essa pulsão com três nomes [pulsão de morte, pulsão de agressão ou pulsão de destruição] é muda (*stumm*). Ela trabalha, mas, uma vez que trabalha sempre em silêncio, não deixa nunca nenhum arquivo que lhe seja próprio. Ela destrói seu próprio arquivo antecipadamente, como se ali estivesse, na verdade, a motivação mesma de seu movimento mais característico. Ela trabalha para *destruir o arquivo: com a condição de apagar*, mas também *com vistas a apagar*

*s*eus próprios traços [itálicos de Derrida] – que já não podem desde então serem chamados 'próprios'. Ela devora seu arquivo, antes mesmo de tê-lo produzido externamente. Esta pulsão, portanto, parece não apenas anárquica, anarcôntica [...]: a pulsão de morte é, acima de tudo, *anarquívica*, poderíamos dizer, *arquiviolítica*. Sempre foi, por vocação, silenciosa, destruidora de arquivo [itálicos de Derrida]. (p. 21)

Neste sentido, o analista seria o porta-voz da pulsão de vida, de Eros, aquele que lembra, que estabelece conexões, que liga elementos em unidades progressivamente maiores, que – ao fazê-lo – organiza lembranças, ideias e afetos, construindo a história simbólica do analisando. Com isso, opõe-se à repressão que, regida pela pulsão de morte, tenta sistematicamente apagar todo e qualquer arquivo.

Estamos, pois, muito distantes – para não dizer no polo oposto – da posição evocada por Bion, quando fala do "analista sem desejo e sem memória".

Freud dizia que a psicanálise, juntamente com a educação dos jovens e o governo dos povos, é uma profissão "impossível", pois, devido a sua complexidade, jamais "acertaremos" tudo; por mais que se faça, jamais faremos "tudo".

Espero ter mostrado, nas vinte sessões que compõem esta obra, o que é, sim, "possível" fazer nesta profissão "impossível".

Referências Bibliográficas

BARANGER, W. (1976). El "Edipo temprano" y el "complexo de Edipo". *Revista de Psicoanalisis*, 33, 303-314.

BOROSA, J. (1997). Case histories and the institutionalisation of psychoanalysis. In: *The Presentation of Case Material in Clinical Discourse*. London: Freud Museum Publications.

BRITTON, R. (1997). Making the Private Public. In: *The Presentation of Case Material in Clinical Discourse*. London: Freud Museum Publications.

BUDD, S. (1997). Ask me no questions and I'll tell you no lies – The social organization of secrets. In: *The Presentation of Case Material in Clinical Discourse*. London: Freud Museum Publications.

DERRIDA, J. (2001). *Mal de Arquivo*. Rio de Janeiro: Relume-Dumará.

ESMAN, A. H. (1979). On evidence and inference or the babel of tongues. *Psychanalitical Quaterly*, 48(4), 628-30.

ETCHEGOYEN, R. H. (1987). *Fundamentos da Técnica Psicanalítica*. Porto Alegre: Artes Médicas.

FREUD, S. (1974). Estudos sobre histeria (EsH). In: *Edição Standard Brasileira das obras psicológicas completas de Sigmund Freud* (Vol. II). Rio de Janeiro: Imago.

_____. (1975). Construções em análise (CeA). In: *Edição Standard Brasileira das obras psicológicas de Sigmund Freud* (Vol. XXIII). Rio de Janeiro: Imago.

_____. (1972). Fragmento da análise de um caso de Histeria (caso Dora). In: *Edição Standard Brasileira das obras psicológicas completas de Sigmund Freud* (Vol. VII). Rio de Janeiro: Imago.

_____. (1996). Notas sobre um caso de neurose obsessiva. In: *Edição Standard Brasileira das obras psicológicas completas de Sigmund Freud* (Vol. X). Rio de Janeiro: Imago.

_____. (1996). Sobre o início do tratamento. In: *Edição Standard Brasileira das obras psicológicas completas de Sigmund Freud*. Rio de Janeiro: Imago.

GABBARD, G. (2000). Disguise or consent: problems and recommendations concerning the publication and presentation of clinical material. *International Journal of Psychoanalysis*, 81, 1071.

GAY, P. (1988). *Freud – A life for our time*. New York/London: Norton.

LACAN, J. (1978). *Intervenção sobre a transferência in Escritos*. São Paulo: Perspectiva.

_____. (1979). *O Seminário – Livro 11 – Os quatro conceitos fundamentais da psicanálise*. Rio de Janeiro: Zahar Editores.

LAPLANCHE, J., & Pontalis, J. B. (1976). *Vocabulário da Psicanálise*. Rio de Janeiro: Moraes Editores.

MAJOR, R. (2008). *Lacan com Derrida*. Rio de Janeiro: Civilização Brasileira.

NIEDERLAND, W. G. (1980/1951). Tres notas sobre el caso Schreber. In: *Los casos de Sigmund Freud – El caso Schreber.* Buenos Aires: Nueva Visión.

_____. (1980/1959). El mundo 'milagroso' de la infancia de Schreber. In: *Los casos de Sigmund Freud – El caso Schreber.* Buenos Aires: Nueva Visión.

_____. (1980/1959). Schreber: Padre e hijo. In: *Los casos de Sigmund Freud – El caso Schreber.* Buenos Aires: Nueva Visión.

_____. (1980/1960). El padre de Schreber. In: *Los casos de Sigmund Freud – El caso Schreber.* Buenos Aires: Nueva Visión.

_____. (1980/1963). Nuevos Datos y hechos importantes del caso Schrebe. In: *Los casos de Sigmund Freud – El caso Schreber.* Buenos Aires: Nueva Visión.

ROUDINESCO, E. (1995). *Genealogias.* Rio de Janeiro: Relume Dumará.

SMIRNOFF, V. (1995). O Modo Interpretativo. In R. Major (Org.), *Como a interpretação vem ao analista.* São Paulo: Escuta.

SOUSA LEITE, M. P. (2000). *Psicanálise Lacaniana, cinco seminários para analistas kleinianos.* São Paulo: Iluminuras.

SPENCER, D. (1997). Case Report and the Reality they represent: the many faces of Nachträglichkeit. In: *The Presentation of Case Material in Clinical Discourse.* London: Freud Museum Publications.

SPURLING, L. (1997). Using the Case Study in the Assessment of Trainees. In: *The Presentation of Case Material in Clinical Discourse.* London: Freud Museum Publications.

STOLLER, Robert J. (1998). *Observando a Imaginação erótica.* Rio de Janeiro: Imago.